무지갯빛 코카서스

— 코카서스 3국 7인 7색 원정기 —

이재혁 외 6인 공저

도서출판 은누리

코카서스 3국 여행 루트

인천공항(2024.9.20.) ▶ **우즈베키스탄** 타슈켄트(9.21.) ▶ (항공) **아제르바이잔** 바쿠 ▶ (전용버스) 세키(9.22.) ▶ **조지아** 트빌리시(9.23.) ▶ 무츠헤타/카즈베기(9.24.) ▶ 야나누리/고리(9.25.) ▶ **아르메니아** 세반호수(9.26.) ▶ 코르바람/게그하드/예레반(9.27.) ▶ **조지아** 트빌리시(9.28.) ▶ (항공) **우즈베키스탄** 타슈켄트(9.29.) ▶ (항공) **인천공항**(9.30.)

읽어두기

코카서스 3국 여행을 위한 경유지로써 우즈베키스탄의 수도 타슈켄트에 들렀다. 동명의 전자책(2024. 12. 30)에는 부록으로 우즈베키스탄의 타슈켄트 편을 실었으나, 이번 책에는 가독율을 높이기 위해 부득이 생략하였다. – 편집자 주

프롤로그

 코카서스 3국 여행! 말만 들어도 흥분되는 곳이다. 모든 여행이 떠나기 전에는 가슴 설레지만, 이번 여행은 유독 심했다. 왜 그랬을까? 아마도 지명에 마약 성분이 들어있어서 그랬을까? '코카인', '코카콜라'…

 코카서스 원정에 참여한 사람들은 모두 23명, 그중에 일곱 분이 여행기를 써주었고, 이를 한 권의 책으로 묶었다. 동상이몽同床異夢이란 말처럼, 제각기 노는 물(전공)이 다르기에 똑같은 대상을 보고도 느낌은 제각각이었다. 일곱 빛깔 무지개가 그렇듯이, 제각기 개성이 드러나는 원정기가 나왔다. 그야말로 7인 7색의 흥미진진한 여행기 겸 문화탐방 보고서가 되었다.

 이번 원정대의 면면은 이렇다. 유라시아 문화를 34년째 공부하는 인문학도, 도시계획가, 건설 엔지니어, 은퇴 공무원, 중등교사 등으로 그야말로 '전무후무한 원정대'가 꾸려진 셈이다. 경력과 하는 일이 다르듯, 우리 일곱 명은 서로 다른 시각과 경험을 지녔다. 특히 여행하는 동안, 이동 중인 버스 속에서 나눈 난상 토론은 아주 유익했다. '역지사지易地思之', 다시 말해 '입장 바꿔 생각하기'는 화두 풀기처럼 쉽지 않은데, 열흘 내내 시도 때도 없이 나눈 대화 속에서 각자의 답(?)을 발견하는 기분이었다. 각자의 배경과 전공이 달랐기에 코카서스 3국의 풍경과 문화를 다층적이고 다방면으로 조명한 결과물이 나왔다고 생각한다.

코카서스 3국은 유럽과 아시아를 잇는 지정학적 위치로 인해 다양한 민족과 문화가 교차하며 발전해 온 지역이다. 아제르바이잔, 조지아, 아르메니아는 서로 다른 역사가 있음에도 불구하고 서로 밀접하게 얽혀 있으며, 각국의 문화적 특성은 독창적이면서도 상호 간에 깊은 영향을 미쳐왔다. 같은 길을 걸은 도반들에 따르면, 처음엔 코카서스 3국에 대한 막연한 선입견도 있었다고 한다. 유럽과 아시아의 분수령 같은 대산맥 아래 조그만 세 나라가 제각기 고유 언어, 고유 종교, 고유문화를 가진 당당한 독립국이다? 떠나기전에 같이 공부도 하고 세미나도 했지만, 그게 가장 큰 수수께끼 같았다고 한다. 말하자면, 이번 여행은 그 수수께끼를 풀기 위한 것이라고 해도 과언이 아니다.

우리는 첫 발걸음을 아제르바이잔의 고대 유적과 풍부한 자원에서 시작하여, 조지아의 장엄한 산맥과 와인 문화, 아르메니아의 고요하고도 유서 깊은 사원들로 여정을 마무리했다. 이러한 일정 속에서, 각국의 역사적 유산과 현대적 발전이 만나는 지점을 각자의 관점에서 살펴보는 기회를 가졌다.

아제르바이잔에서는 '불의 나라'라는 별칭에 걸맞게, 불의 사원과 카스피해를 둘러싼 해양 무역의 발전을 통해 역사와 경제가 조화를 이루는 장면을 목격했다. 이곳에서 우리는 전통과 현대가 어우러진 문화를 깊이 탐색하며, 유럽과 아시아의 교차로로서 아제르바이잔이 지닌 가능성을 보았다.

조지아에서는 장엄한 코카서스산맥이 펼쳐진 풍경 속에서 와인 문화와 전통 건축의 매력을 탐구했다. 조지아는 오래 전부터 유럽과 중동을 연결하는 실크로드의 중요한 거점이었으며, 이곳의 전통적 건축물과 현대적 도시 구조가 어떻게 공존하는지 살펴볼 수 있었다. 이 지역 사람들의 삶 속에 녹아든 전통과 혁신의 조화를 보며 조지아의 정체성에 대해 깊이 생각해 보는 시간을 가졌다.

아르메니아에서는 초기 기독교 유적지와 성스러운 문화유산이 잘 보존된 모습을 보며 고요함과 평온함을 느낄 수 있었다. 고대 수도원이 산과 계곡을 배경으로 자리 잡은 모습은 경건함 그 자체였고, 오랜 세월 동안 이어져 온 믿음과 정신적 유산이 이곳에 스며들어 있음을 느낄 수 있었다. 동시에, 이 작은 국가가 오늘날의 어려움을 극복하고 새로운 미래를 향해 나아가려는 의지를 엿볼 수 있었다.

이 책은 단순한 여행기를 넘어, 각자의 시선으로 탐구한 코카서스 3국의 다양한 면모를 담아내고자 했다. 하나의 역사, 하나의 이야기가 아닌 여러 시각이 결합 되어 무지개처럼 한 권의 책이 되었다.

전자책 발간(2024. 12. 30)에 이어 종이책을 발간하며 내용 중 일부분을 수정한 바 있다. 하지만 아쉬운 점은 공저자가 7인이다보니, 같은 주제를 중언부언한 점이 있다는 점은 독자 여러분께 미리 양해를 구합니다.

끝으로 이번 원정에 참여해 주신 분들, 그리고 문화적 안목과 역사적 지식이 상당했던 코카서스 3국의 현지 가이드 세 분께도 특별한 감사를 드린다. 현지 가이드 세 분은 박하 편집장(시인)의 e메일 대담에도 흔쾌히 참여해 주셔서 이 책의 품격이 한층 더 높아졌다고 감히 자찬해 본다. 박 편집장은 책 구성, 교정, 편집 등 책을 펴내는 전체 과정에서 가장 수고하신 분이다.

여행의 시대를 맞아 대한민국의 많은 사람들이 해외로 나가고 있다. 이 다층적인 여행 기록이 독자들에게 코카서스 3국을 더욱 풍성하게 이해할 수 있는 창이 되기를 바라며, 앞으로도 다양한 관점에서 세상을 바라보는 하나의 길잡이가 되기를 바라 마지않는다.

2025년 3월

대표 저자 **이재혁** 드림

목 차

코카서스 3국 여행 루트(약도) ················· 002
프롤로그 ················· 003
코카서스 3국과 실크로드 ················· 010
생생정보 / 실크로드(Silk road)에 대한 오해 바로잡기 ········ 016

✪ 1부 · 아제르바이잔 편

아제르바이잔 근현대사 10대 사건 ················· 025

꺼지지 않는 불 / 박금수 ················· 027
바쿠, 불의 사원 찍고 국민시인 나시미까지 / 박하 ········ 036
카스피해 상공을 날아 아제르바이잔으로 / 이재웅 ········ 051
'불의 사원' 넘어 코카서스 실크로드로! / 이재혁 ········ 059
아제르바이잔 바쿠 기행 / 임승여 ················· 068
고부스탄의 선사시대 암각화 / 임승여 ················· 077
세키 칸 궁전과 카라반 사라이 / 임승여 ················· 085
종교에서 수공예까지, 바쿠 만화경 / 최명아 ················· 095

대담 | 현지 가이드와 7문 7답 ·· 102
라시마(Rashima) | 불의 도시, 바쿠로 놀러 오세요!

✪ 2부 · 조지아 편

조지아 근현대사 10대 사건 ·· 111

조지아와 실크로드 / 박하 ·· 113
가상 대담 | 시인과 독재자 사이, 스탈린을 소환하다 / 박하 ······ 121
조지아를 찾아가는 이유 / 이재웅 ·· 129
즈바리 수도원 가는 길 / 이재웅 ·· 134
카즈베기산의 게리게티 수도원 / 이재웅 ··································· 138
사랑의 도시, 시그나기를 가다 / 이재혁 ····································· 141
포도주, 정교, 하치카르의 땅 / 이재혁 ·· 147
카즈베기산과 프로메테우스와 윤동주 / 임승여 ························ 157
시그나기에서 피로스마니를 만나다 / 최명아 ···························· 162

대담 | 현지 가이드와 7문 7답 ·· 171
나티아(Natia) | 한국은 제2의 모국이에요!

✪ 3부 · 아르메니아 편

아르메니아 근현대사 10대 사건 ·· 179
열흘간의 예레반 / 강진숙 ··· 181
실크로드와 아르메니아 문화 / 박하 ·· 192
아르메니아, 가장 낯선 나라 / 이재웅 ······································· 199
가르니 동굴사원에서 예레반 캐스케이드까지 / 이재혁 ··············· 213
예레반의 밤은 낮보다 화려하다 / 최명아 ································· 220
조지아로 가는 길 / 최명아 ··· 227
여행의 끝 / 이재웅 ·· 231

대담 | 현지 가이드와 7문 7답 ·· 235
리아(Lia) | 고유한 문화의 독립국, 아르메니아로 초대합니다

대담 ·· 246
왜 지금 유라시아인가? (초대 손님; 이재혁 원장, 대담; 박하 시인)

에필로그 ·· 259
코카서스 3국 여행기를 마무리하며

공저자 약력(가나다 순) ··· 261

코카서스 3국과 실크로드

'나 홀로 여행'보다 여럿이 함께하는 여행이 더 좋다. 특히 공통 관심사를 가진 단체일 때 더욱 그렇다. 우선 상부상조할 수 있다. 다음으로 '부분의 합은 전체보다 크다!'라는 말처럼 집단지성의 힘을 발휘할 수 있다. 그래서 도반道伴이란 말도 단순히 '여행길의 친구' 이상의 뜻을 가진다. 그 옛날, '실크로드'를 오간 대상隊商인 캐러밴(caravan)들도 그랬을 것이다. 21세기에도 그 캐러밴의 관성은 여전히 이어지고 있다. 다만 형식만 달리할 뿐이다.

지난 11일 동안(2024. 9/20~30) 코카서스 3국 여행을 다녀왔다. 일행 스무 명이 현대판 '캐러밴을 꾸려 다녀온 것이나 마찬가지다. 이번 원정길에 참여한 사람들의 면면은 참으로 다양하다. 우선 이번 원정을 총괄 기획한 분은 이재혁 교수. 유라시아교육원 이사장으로 1997년 부산외국어대학교 러시아학과 재직 시절부터 2024년 현재까지 지속적으로 유라시아와 한국과의 학술적 교류에 매진해 오고 있다. 이번 원정도 그 연장선에 있다. 다음으로 소설가, 전직 학교 교사, 전직 공무원, 현직 건설 엔지니어 등이 참여했다.(*공저자 약력사항은 책의 마지막 장에 간략히 소개함.) 이들의 여행기를 한 권으로 묶은 것이 바로 이 책이다.

본론에 들어가기 전에 코카서스 3국에 대한 상식 차원에서 '실크로드와 코카서스'의 관련성을 소개한 뒤, 7인 7색 코카서스 3국 여행기를 소개하기로 한다.

실크로드의 유래

실크로드는 고대에 동서양을 연결하던 주요 교역로로, 중국에서 시작해 중앙아시아를 거쳐 중동과 유럽에 이르는 길을 말한다. 주로 비단을 포함한 다양한 상품들이 이 길을 통해 운송되었기에 '비단길', 즉 '실크로드(Silk Road)'라는 이름이 붙었다. 이 길은 단순한 교역로에 그치지 않고, 문화, 종교, 기술 등의 교류가 이루어지는 중요한 역할을 했다. 실크로드의 주요 노선은 중국 시안에서 로마까지이지만, 사실 그 전체를 보면 상상 이상으로 방대한 네트워크이다.

'Silk Road'라는 용어는 19세기 독일의 지리학자 페르디난트 폰 리히트호펜(Ferdinand von Richthofen 1833~1905)에 의해 사용되었다. 리히트호펜은 이 용어를 사용해 중국에서부터 유럽까지 이어

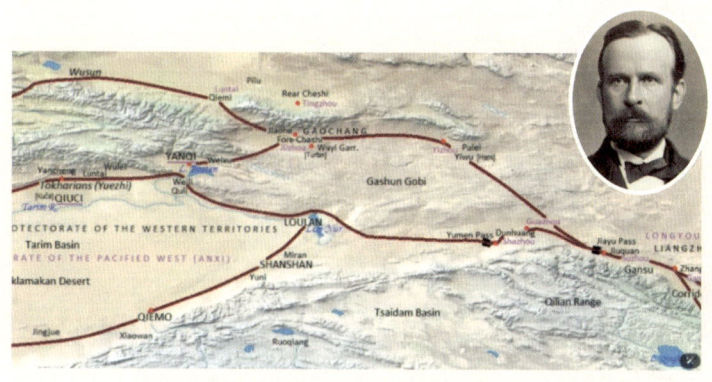

리히트 호펜의 실크로드와 대륙철도 구상

지는 고대 교역로를 설명하고자 했다. (*20세기 동안 유럽 국가 중에서 유독 독일이 중국과의 다방면에 우호 관계를 지속했다고 한다.)

20세기 초, 리히트호펜이 제안한 'Silk Road'의 개념은 단순한 고대 무역로가 아니라, 중국 대륙에서 철도 노선을 건설하려는 계획과 밀접한 관련이 있었다. 이 철도는 과거의 육상 교역로를 현대화하여 동서 교류를 재활성화하려는 의도가 있었다.

현대판 실크로드와 일대일로一帶一路 정책

리히트호펜은 철도망을 통해 중국의 내륙과 서양을 연결하여 새로운 경제적 기회를 창출할 수 있다고 보았다. 이를 통해 실크로드를 단순한 과거의 유물이 아닌, 현대의 국제 교역로로 재탄생시키고자 했다. 리히트호펜이 제시한 실크로드 개념은 이후 여러 국제 프로젝트에서 재해석되었으며, 오늘날 중국의 '일대일로—带—路' 정책 등에서도 그 개념이 이어지고 있다.

실크로드와 코카서스 3국

코카서스 3국은 유럽과 아시아를 연결하는 중요한 지리적 관문 역할을 했다. 실크로드 상에서 흑해와 카스피해 사이에 자리한 이 지역은 교역의 중심지로, 동서 무역이 활발하게 이루어지며 물자와 기술과 종교 등이 교환되는 곳이었다.

특히 아제르바이잔은 카스피해를 통한 해상 무역의 거점이었고, 조지아는 흑해 연안을 통한 유럽으로의 무역로였다. 19세기 후반까지 무역로 상의 중간 지대였지만, 20세기 중반, 러시아 연방에 편입된 이후, 존재감이 별로 없었다. 하지만 최근 들어 관광, 에너지, 인프라 투자 등으로 갈수록 주목받고 있는 지역이다.

표 1 코카서스 3국 국가별 개요

국가명(수도명)	국토면적(㎢)	인구(만 명)	국민소득($/인)	지하철(개통)
아제르바이잔(Baku)	86,600	1,000	5,800	1967
조지아(Tbilisi)	69,700	370	6,300	1966
아르메니아(Yerevan)	29,743	290	5,200	1981

문화적 교류

실크로드는 단순한 물자 교환만이 아니라 다양한 문화와 종교의 교류를 가능하게 했다. 이 과정에서 코카서스 3국은 동방과 서방의 문화가 만나는 접점이 되었고, 각국의 고유한 전통 문화에다 외부의 영향을 받아들여 독특한 건축, 예술, 종교적 전통을 발전시켰다. 아르메니아는 세계에서 가장 오래된 기독교 국가로서, 동서 문명의 접점을 형성했고, 조지아는 오랫동안 다양한 종교와 문화가 공존한 나라로 발전했다.

경제적 허브

실크로드가 번성했던 시기, 코카서스 3국은 주요 상업 도시와 대상의 숙소(카라반 사라이)들이 위치한 경제적 허브 역할을 했다. 아제르바이잔의 바쿠는 비단, 향신료, 금속 등 다양한 물품의 중계 무역지였으며, 조지아의 트빌리시와 아르메니아의 예레반은 이슬람 상인들과 기독교 상인들이 교역을 펼치는 장소로 발전했다. 이를 통해 코카서스는 경제적 번영을 이루며 유럽과 아시아 간 상업 네트워크의 핵심축이 되었다. (박하)

> 생생정보

실크로드(Silk road)에 대한 오해 바로잡기

비단길

실크로드는 일명 '비단길'이다. 고대 중국의 시안西安에서 로마까지를 잇는 무역로를 일컫는다. 하지만 실제 비단은 중국에서 한반도를 거쳐 일본으로도 거래되었다. 또한 초기에는 그랬지만, 세월이 갈수록 실크로드 중간 지역에서도 뽕나무를 심고 누에를 쳐서 비단을 짰다. 소위 현지화에 성공했다.

실크로드를 두고 여전히 온갖 말들이 난무한다. 이 오해를 바루기 위해 7문 7답을 마련했다. 아래는 보통 사람들이 '실크로드'에 대해 오해하거나 착각하고 있는 대표적인 문항 7개를 임의로 고르고 답변 역시 필자 임의로 마련한 것이다.

#1 실크로드는 육로에만 있었던가?
오해 실크로드는 주로 사막과 초원을 가로지르는 육상 경로만 존재한다고 생각한다.
사실 해상 실크로드(Maritime Silk Road)도 존재했으며, 중국에서 동남아시아, 인도, 페르시아만, 아프리카 동해안을 거쳐

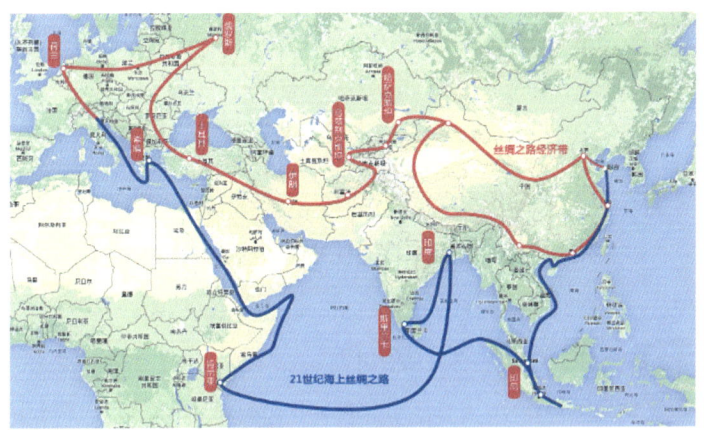

실크로드는 육로와 해로도 있었다.

유럽에 이르는 중요한 교역망이었다.

#2 교역 물품으로 실크만 있었을까?
오해 실크로드라는 이름 때문에 오직 비단만 교역되었다고 여긴다.
사실 실크뿐 아니라 향신료, 유리, 금, 은, 철기, 종이, 도자기, 보석, 약재, 종교적 상징물 등 다양한 물품이 교환되었다.

#3 실크로드는 시안에서 로마까지 외길이었다?
오해 단일한 직선 경로로 구성된 길이라고 생각한다.
사실 실크로드는 여러 가지 경로로 이루어진 네트워크로, 천산 북로와 천산남로뿐만 아니라 중앙아시아의 다양한 지역으로 갈라지는 복잡한 교역망이었다.

생생정보

#4 실크로드는 동서 교역의 길이었다?

오해 단순히 동쪽의 물건이 서쪽으로, 또는 서쪽의 물건이 동쪽으로 갔다고 생각한다.

사실 교역은 양방향으로 이루어졌으며, 중간 경유지의 상인들이 주도적으로 물품을 이동시키고 판매했다.

#5 실크로드는 평화로웠다?

오해 실크로드는 평화롭게 교역이 이루어진 곳이었다고 믿는다.

사실 많은 지역에서 약탈, 전쟁, 강도 사건이 빈번했으며, 이를 보호하기 위해 다양한 도시와 요새가 발달했다.

#6 실크로드는 상업만을 위한 길이었다?

오해 실크로드는 단순히 상업 교역을 위해 존재했다고 생각한다.

사실 실크로드는 문화, 종교, 기술, 사상의 교환도 중요한 역할을 했으며, 불교, 이슬람교, 기독교 등이 이 길을 통해 확산되었다.

#7 실크로드는 중국이 주도했다?

오해 중국이 실크로드의 중심이자 주도적 역할을 했다고 생각한다.

사실 페르시아, 인도, 중앙아시아 등 여러 지역의 상인과 국가들이 실크로드의 발전에 기여했다.

이와 같은 오해들은 실크로드가 단순한 교역로가 아니라 복합적이고 다층적인 문화·경제·역사적 역할을 했다는 점을 간과한 데서 발생했다.

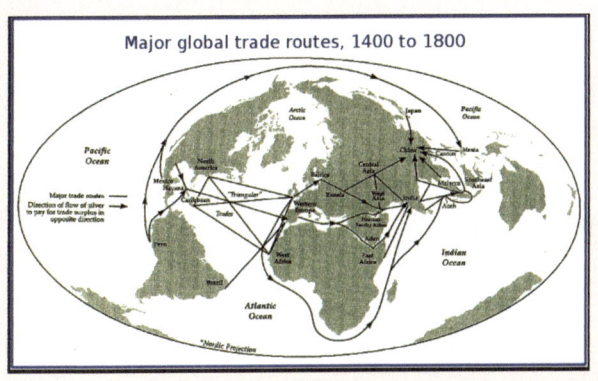

글로벌 실버로드 네트워크(http://thehindu.web.fc2.com/help/page-3815203.html)

실버로드(Silver Road)도 있었다!

한편, 실크로드와 달리, '실버로드(Silver Road)'도 엄연히 존재했다. 실버로드는 은銀의 교역과 관련된 네트워크를 지칭할 때 사용되는 비공식적인 개념이다. 은이 주요 교역품으로 중요한 역할을 했던 경로들을 가리키며, 특히 아메리카, 유럽, 아시아 간의 교역을 설명할 때 쓰인다. 예컨대, 실버로드의 존재를 뒷받침하는 주요 증거는 다음과 같다.

#1 아메리카 대륙에서 채굴된 은의 대량 유통

16세기 스페인 제국이 아메리카 대륙을 식민지화하면서, 볼리비아의 포토시 광산과 멕시코의 은 광산에서 막대한 양의 은을 채굴했다. 이 은은 스페인으로 운송되어 유럽 시장에 풀렸고, 이후 아시아로 수출되었다. 특히 중국은 은을 화폐로 사용했기 때문에 대량의 은이 아시아로 흘러 들어갔다.

#2 은-상품 교환의 주요 거점: 마닐라 갈레온 무역

스페인이 필리핀 마닐라를 통해 중국과의 교역을 주도했다. 아메리카에서 채굴된 은은 태평양을 건너 마닐라로 운반되었고, 마닐라

갈레온 무역의 중심지(필리핀 마닐라-스페인령)

에서 중국의 비단, 도자기, 차 등과 교환되었다.

이는 실버로드가 실크로드와 교차하거나 보완하는 역할을 했음을 보여준다.

#3 중국의 은화銀貨 경제

명나라와 청나라 시기 중국은 은을 화폐로 사용하며 경제를 운영했다. 은은 조세와 교역의 주요 결제 수단이었고, 이에 따라 유럽과 일본에서 중국으로 대량의 은이 유입되었다. 일본에서도 은이 생산되어 동아시아 내에서 중요한 교역 품목으로 사용되었다.

실버로드는 아메리카 대륙의 은 채굴과 이를 기반으로 한 유럽, 아시아의 교역망을 지칭하며, 세계 경제의 초기 글로벌화에서 중요한 역할을 했다. 이는 실크로드처럼 단일 경로라기보다는 다양한 경로를 통해 은이 이동하며 문명 간의 상호작용을 촉진한 점에서 역사적으로 중요한 의미를 가진다. (박하)

1부

아제르바이잔 편

헤이다르 알리예프 센터(Heydar Aliyev Center)

손님이 집에 들어오면 축복이 따라온다.

– 아제르바이잔 속담

근현대사 10대 사건

1918년	아제르바이잔 민주공화국 수립: 최초의 독립 정부 수립
1920년	소련에 병합: 아제르바이잔은 소련 사회주의 공화국 연방에 편입
1988년	나고르노-카라바흐 분쟁 시작: 아르메니아와의 영토 분쟁 본격화
1991년	독립 선언: 소련 해체 후 아제르바이잔 독립
1992~1994년	전면전: 나고르노-카라바흐를 둘러싼 전쟁
1994년	비슈케크 협약 체결: 휴전 협정으로 전쟁 종료
2003년	일함 알리예프 대통령 취임: 정치적 안정과 경제 성장 추진
2020년	44일 전쟁: 나고르노-카라바흐 영토 일부 회복
2020년	비동맹운동 회장국 수임: 국제적 위상 강화
2022년	나고르노-카라바흐 휴전 협정: 지속적인 평화 노력

19세기 후반, 바쿠의 '오일 붐'

1870년대부터 바쿠는
세계 최초의 상업적 석유 채굴이 이루어진 도시로,
20세기 들어 "오일 붐"의 중심지로 자리 잡았다.
바쿠는 석유 산업을 기반으로 한
글로벌 무역 도시로 성장했으며,
현재도 세계적 에너지 허브 중 하나이다.

꺼지지 않는 불

불의 나라 아제르바이잔은 동유럽과 서아시아의 경계에 자리하고 있다. 수도는 바쿠이다. 유럽과 아시아를 연결하는 지리적 위치 덕분에 동양과 서양이 조화롭게 섞여있는 분위기다. 중앙아시아 쪽(키르기스탄)에서 카스피해를 건너 흑해 쪽으로 진출하려면, 반드시 통과해야 하는 나라다. 일찍이 페르시아제국의 영역에 속했던 터라 이슬람 문화권에 속한다. 애당초 조로아스터교의 발상지였고, 페르시아 문화를 거쳐 19세기 후반 바쿠에서 대규모 유정이 개발됨으로써 일대 전기를 맞이한다. 유정 개발을 노벨 형제와 영국 자본과 기술이 장악(?)함으로써 급격히 서구화되었다.

여전히 석유와 천연가스 매장량이 많은 나라로, 그야말로 옛것과 새것이 조화를 이루고 있는 도시였다. 수도 바쿠는 공간적으로 여유롭고 인접한 카스피해로 인해 여름밤에도 선선한 바람이 느껴질 정도였다. 한 마디로 미래지향적인 관광 도시였다.

아제르바이잔의 공용어는 아제르바이잔어이다. 코카서스산맥의 작은 나라인데도 고유 언어와 문화를 간직하고 있다는 게 선뜻 이해가 안 갈 정도다. 아제르바이잔어는 튀르크어족에 속하는 언어로써, 유목민족에 뿌리를 둔 구전으로 전해지는 많은 전설과 시가 있다고 한다. 그러나 19세기 이후 러시아와 페르시아가 탄압을 하면서 문학도 많이 위축되었으나, 1991년 독립 이후 현대 문학의 시대가 열리고 있다.

수도 바쿠의 인상

이슬람의 영향을 받은 모스크, 페르시아와 튀르크 스타일이 혼합된 건축물들이 인상적이었다. 특히 1191년 대지진이 수도 샤마키를 파괴한 후 왕의 거처를 바쿠로 옮기었고, 바쿠(Baku)에는 카스피해를 끼고 있어 동서양 요소가 조화를 이루고 있다고 한다. 앞에는 망

바쿠의 어느 레스토랑, 유럽의 여느 도시 분위기

망대해 같은 카스피해가 있고, 뒤쪽 언덕 위에는 '불의 타워'가 있다. '불의 타워'는 한밤중에도 수도 바쿠의 수호신처럼 일렁이는 불꽃을 보여주고 있다.

아테쉬가흐가 불의 사원과 함께 수천 년 동안 꺼지지 않는 불의 나라로 인식되고 있다. 바쿠의 스카이라인에도 '불의 타워'(Flame Towers)가 하늘 높이 솟아있다. 밤중에도 '불의 타워' 외관은 쉬지 않고 일렁이는 불길을 연출하고 있다.

현지 가이드 라시마

현지 가이드 라시마 씨는 유럽풍의 미인이다. 조지아 출신으로 아제르바이잔에 살고 있다는데 한국어가 유창하다. 그녀의 안내를 받아 불의 사원이라 불리는 아테쉬카 사원에서 지금도 타고 있는 꺼지지 않는 가스 불을 보며, 실크로드 중계무역의 거점이자 인도와의 교역이 많이 이뤄졌음을 보여주었다.

이 사원은 조로아스터교, 힌두교, 시크교의 성지로 불리고 있으며 고단한 무역상들이 쉬기도 하고 물물 교환도 한 장소였다. 현재의 건축물은 17~18C에 건립된 비교적 새로운 건축물이다.

고부스탄의 선사시대 암각화

다음날 조식 후 버스로 약 1시간 반 걸려 고부스탄으로 갔다. 이곳은 선사시대 암각화로 유명하다. 비교적 일찍 나섰는데도 우리 일행보다 먼저 여행객들이 있었다.

야트막한 바위에다 각종 암각화를 새겨 놓았는데, 4만년 전 구석기 시대부터 청동기 시대(기원전 2천년 전)까지 제작된 것으로 추정된다. 일부 암각화는 중세 초기에도 그린 것이라고 한다.

여기 와서 보니 알겠다. 왜 저 아래 카스피해가 민물의 호수가 아니라, 짠 바닷물인지 말이다. 아득한 선사시대, 바위에다 암각화를 새길 당시에는 해수면이 지금보다 최소 30m쯤 높았다. 다시 말해 지금의 흑해와 내륙에 갇혀 있는 카스피해가 바닷물로 통해있었다는 말이다. 물론 가설이긴 하지만 충분히 설득력이 있는 주장이다.

그렇다면 고부스탄 암각화 중에 그 가설을 뒷받침할 수 있는 증거들이 얼마나 있을까? 과연 이들 암각화를 통해 고대에는 카스피해와 흑해가 바닷물로 연결되었다는 가설을 증명할 수 있을까? 자료 조사를 통해 5가지로 정리해 본다.

첫째, 암각화 속 해양 관련 장면들이 많다.

고부스탄 암각화에는 배를 타고 항해하는 모습과 물고기를 잡는 장면이 자주 등장한다. 이는 단순한 강이나 내륙 호수 어업이 아니라, 더 넓은 해양에서 활동했다는 것을 알 수 있다. 당시 카스피해가 흑해와 연결된 염해였다는 것을 말해준다.

둘째, 고대 해양 생물의 서식 흔적도 발견된다.

카스피해 주변 고고학적 연구에 따르면, 과거 이 지역에 염수성 해양 생물의 화석이 발견되었다. 이는 카스피해와 흑해가 연결되어 해양 생물이 자유롭게 이동할 수 있었던 시기를 암시하는 것이다.

셋째, 고대 해양 통로에 대한 지질학적 단서가 발견되었다.

현재 카스피해와 흑해를 연결하는 쿠마-마니치 저지대는 과거에 빙하기와 간빙기 동안 바닷물이 흐르던 해양 통로였던 것으로 추정된다. 암각화는 이 시기에 살았던 인간의 생활상을 반영한 자료일 수 있다는 말이다.

넷째, 항해와 교역의 증거도 많다.

고부스탄 암각화에 묘사된 배의 형태를 보면 항해 수준을 짐작할 수 있다. 즉 배의 크기나 구조로 보아 단순히 강이나 작은 호수를 이동하기 위한 배보다 훨씬 더 크고 복잡한 구조를 가지고 있다. 이는 대규모 해양 이동 및 교역이 이루어졌다는 가능성을 제시하며, 카스피해와 흑해가 연결되어 있었다는 것을 증명하는 것이다.

다섯째, 카스피해와 흑해 수위 변화를 들 수 있다.

지질학적 연구에 따르면, 약 10,000년 전 카스피해와 흑해의 수위가 상승하여 바닷물이 서로 연결된 시기가 있었다고 한다. 이 시기는 고부스탄 암각화의 제작 시기와 겹치며, 이 연결로 인해 해양 활동이 가능해졌을 가능성이 높다는 사실이다.

과학적 연구에 따르면, 고대에는 카스피해와 흑해가 보스포루스와 같은 물길로 연결되어 있었다고 한다. 이 연결은 기후 변화와 지각 변동으로 인해 단절되었을 가능성이 있다. 결론적으로 말해, 고부스탄 암각화는 당시 이 지역에서 살았던 사람들이 물길과 해양 생태계를 중심으로 한 생활 방식을 기록한 것으로 보이며, 이 지역의 해양 연결성을 뒷받침하는 귀중한 유산임이 틀림없다.

쉐키 칸 궁전과 카라반 사라이

중식 후 쉐키로 갔다. 쉐키는 카스피해와 흑해 사이를 잇는 역참 도시 중 하나였다. 카라반들의 숙소였던 카라반 사라이를 둘러보았다. 고대로부터 상인들의 숙소와 낙타들의 숙소가 잘 정비되어 있었다.

지금도 여행자들의 숙소(guest house)로 활용하고 있다는 게 놀라웠다. 상인들의 숙소는 지상 1, 2층에 있고, 낙타나 노새의 마굿간은

기념품 가게로 변해 있었다. 기념품 가게에서 실크 목도리를 하나 사서 아내에게 선물로 주었다. 시대의 변화에 아주 잘 적응하고 있는 현장을 보니, 그저 놀라울 따름이다.

 카라반 사라이를 구경한 뒤, 인근의 궁전으로 갔다. 이곳은 칸의 여름 궁전이라는데 관광객들이 몰려들어 장사진을 이루고 있는 바람에 무려 1시간 넘게 기다린 끝에 실내 구경을 했다. 웅장한 프레스코와 섬세한 스테인드글라스로 장식된 창문이 기대 이상으로 화려했다.

 궁전은 2층의 목조 건축물인데, 약 200년 전에 이슬람 신화를 새긴 벽화와 섬세한 스테인드글라스는 지금 보아도 환상적이었다. 건축기술자로서 흥미진진한 건축물이라 현지 가이드에게 물었지만, 비전공자라 만족스런 답변을 들을 수 없었다. 인터넷 검색 등을 통하여 정리한 주요 특징을 소개하면 다음과 같다.

세밀한 셰베케 기법 (Stained Glass Art in Shebeke)

쉐키 칸 궁전(Shaki Khans' Palace)의 가장 두드러진 특징 중 하나는 셰베케라는 전통적인 스테인드글라스 기술이다. 이 기술은 나무와 유리를 접착제 없이 조립해 독특한 패턴과 빛의 반사를 만들어낸다. 5,000개 이상의 유리 조각으로 이루어진 셰베케 창문은 궁전 내부를 화려하게 장식하며, 햇빛에 따라 분위기가 변화하는 섬세한 아름다움을 보여주었다.

목재와 벽화의 조화

궁전은 목재와 석조를 조화롭게 사용하여 구조적 안정성과 미적 우아함을 동시에 보여주었다. 내부에는 전통적인 벽화(프레스코)와 미세한 목공예 기술이 결합 되어, 고대 이슬람과 페르시아 건축의 특징을 조화롭게 표현하고 있었다. 벽화는 자연경관, 전투 장면, 그리고 신화적 이야기를 담고 있었다.

효율적인 자연 환기와 단열 구조

쉐키 칸 궁전은 더운 아제르바이잔 기후를 고려하여 설계되었다고 한다. 두꺼운 벽체와 작은 창문, 그리고 높은 천장은 내부 온도를 조절하고 자연 환기를 촉진한다. 이는 전통 건축에서 흔히 볼 수 있는 지속 가능성과 효율성의 좋은 사례라고 생각되었다.

카라반 사라이의 실용성과 모듈성

쉐키의 카라반 사라이는 과거 실크로드의 상인들을 위한 숙박 및 무역 공간으로 사용되었다. 대규모 안뜰과 회랑형 구조는 낙타와 짐을 쉽게 배치할 수 있도록 설계되었으며, 개별적인 방들은 보안과 프라이버시를 제공한다. 건축물의 모듈형 설계는 다양한 목적에 맞게 쉽게 변형될 수 있다는 게 놀라웠다.

현지 재료의 활용

두 건축물 모두 지역에서 쉽게 구할 수 있는 재료(돌, 목재, 점토)를 활용하였다. 이러한 접근 방식은 경제적일 뿐만 아니라, 건축물이 주변 환경과 조화를 이루었다. 특히 카러반사라이의 석조 기법은 내구성이 높아 오랜 세월 동안 잘 보존될 수 있었고 향후에도 거뜬히 백년을 갈 것 같았다.

쉐키 칸 궁전과 캐러반사라이는 실크로드 시대의 문화적 교류와 지역 건축 기술의 정수를 보여주고 있었다. 놀라운 점은 카라반 사라이 경우, 지금도 게스트하우스(guest house)로 활용하고 있다는 점이다. 다만 다음 일정으로 인해 좀 더 이 곳에 머물며 구석구석을 돌아보지 못해 아쉬웠다.

만약 다시 이곳을 방문할 기회가 있다면 하룻밤 이곳에서 묵으며 곳곳을 돌아볼 작정이다. 현지를 답사하며 이러한 특징들을 직접 경험한다면, 건축기술자로서의 영감을 얻는 귀중한 시간이 될 것이다.

산기슭에 자리한 궁전이라 그런지, 해가 지자마자 기온이 뚝 떨어진다. (박금수)

바쿠, 불의 사원 찍고 국민시인 나시미까지

아제르바이잔의 건축에서 이슬람 문화는 중요한 축을 차지한다. 7세기경 이슬람이 전파된 후, 많은 모스크와 종교적 건축물들이 세워졌다. 이슬람 건축의 특징은 아치형 창문, 돔, 그리고 미나렛(첨탑)이다. 이러한 양식은 아제르바이잔 전역에서 발견된다.

불의 사원과 이체리세헤리(내성)

아제르바이잔의 고대 건축을 대표하는 곳 중 하나는 이체리세헤

불의 사원 이체리세헤리 전경

리(내성)이다. 유네스코 세계유산에 속하는 구시가지에는 다양한 종교적 유산이 남아 있는데, 그중 아테쉬가흐(Ateshgah, 불의 사원)는 조로아스터교와 연관된 건축물로 유명하다.

이 사원은 바쿠 근교에 자리한 것으로, 천연가스가 지하에서 흘러나와 '영원한 불'을 만드는 곳에 지어졌다. 사원의 구조는 중앙에 화덕을 두고 이를 둘러싼 여러 방들로 구성되어, 독특한 건축 양식을 보여준다. 이는 고대 페르시아와 인도 문화의 영향을 받은 것으로, 조로아스터교 신자들이 불을 신성하게 여기는 종교적 의식을 행했던 장소로 역사적 가치를 지닌다.

세키 칸 궁전과 카라반 사라이(Caravan Sarai)

세키(Sheki)는 아제르바이잔 북부에 있는 도시로서 실크로드 상의 주요 역참 도시 중 하나였다. 중요 무역로 상에 있었던 세키 지역은 다양한 문화의 영향을 받았다. 일찍이 서기 1세기에는 기독교가 소개되었고, 7세기에는 이슬람교가 소개되었다. 역사의 흐름 속에 세키는 18세기까지, 사파비(Safavid)로부터 카자르(Qajar)까지 여러 나라의 지배를 받았고, 뒤이어 19세기에는 러시아의 통치 아래 있었다.

이러한 다양한 문화가 융합된 증거가 바로 18세기 후반 1789년에 준공된 세키칸 궁전이다.

세키 칸 궁전의 스테인드글라스는 유리 제품의 꽃으로서, 이탈리아 무라노(섬)에서 수입된 것이라고 한다. 궁전과 더불어 인근에 카라반 사라이도 잘 보존되어 있다. 카라반 사라이는 역참으로 상인들과 낙타 등이 쉬어가는 곳으로 20~30km마다 설치되어 있었다고 한다.

 대상隊商들은 언제나 화물을 낙타 또는 말, 노새 등에 싣고 다녔다. 역참인 카라반 사라이는 1차적으로 상인들과 낙타와 노새를 위한 숙소이다. 문득 떠오르는 의문이 있다. 바로 구린내는 어떻게 처리했을까? 다시 말해, 상인들과 낙타 등이 한 공간에 머문다면 낙타 똥으로 인한 냄새가 지독했을 텐데 말이다. 역시 현장에 답이 있었다.

세키 칸 궁전의 입구

이곳 세키의 카라반 사라이는 산골짜기 경사지를 활용하여 반 지하층은 외양간으로, 그 위 1, 2층은 상인들의 숙소를 배치했다. 상인과 낙타 외양간을 공간적으로 완전히 분리함으로써, 냄새 문제를 깔끔이 해결했다.

건축쟁이의 원초적 호기심이 솔솔 인다. 중정과 1층 구석구석을 이리 기웃 저리 기웃하다가 건물 모서리의 계단실을 발견했다.

'옳거니! 이 계단을 올라가면 2층 객실도 볼 수 있겠구나!.'

입구에 '출입 금지(Limited Area)' 팻말을 본둥만둥 2층으로 올라갔다. 2층으로 올라가니 중정中庭을 내려다볼 수 있도록 빙 둘러 난간이 있고, 난간과 나란히 개인용 숙소들이 즐비했다. 무심코 객실 한곳의 문을 열었더니, 등 뒤에서 'NO! NO!' 하는 호통 소리가 들리는 게 아닌가. 알고 봤더니, 2층 객실은 현재 게스트하우스로 사용 중에 있기에 접근 금지라는 것이다. 백배사죄하고 후다닥 내려왔다.

다음으로 놀라운 점이 하나 더 있다. 이곳 카라반 사라이가 19세기 중반까지 실제 활용되었다는 사실이다. 그 말은 코카서스산맥 기슭을 따라 도로다운 도로와 철도가 개통되기 전까지 이곳 역참은 실제로 활용되었다는 사실이다. 더더욱 놀라운 점은 옛 시설을 리모델링하여 지금도 게스트하우스로 세상의 나그네들을 쉬어가게 한다는 사실이다.

불꽃 타워(Flame Towers)와 하이다르 알리예프 문화센터 전경

불꽃 타워(Flame Towers)와 하이다르 알리예프(Heydar Aliyev) 문화센터

아제르바이잔의 수도 바쿠는 현대 건축의 중심지로도 떠오르고 있다. 그중에서도 불꽃 타워(Flame Towers)는 아제르바이잔의 석유 산업과 '불의 나라'라는 상징성을 표현한다. 세 개의 고층 빌딩이 서로 불꽃 모양으로 설계되어 도시의 스카이라인을 장식한다. 유리 외관을 사용하여 낮에는 태양 빛을 반사하고, 밤에는 LED 조명을 통해 불타오르는 듯한 이미지를 연출한다.

불꽃 모양으로 솟은 세 개 타워! 낮 동안에도 존재감이 확실했지만, 저녁에는 황홀할 지경이었다. 시시각각 불꽃으로 춤을 추다가 아제르바이잔 국기도 펄럭이는 게 아닌가.

'낮에 봤을 땐 그저 세련된 현대식 건물이라고 생각했는데, 밤이 되니 완전히 다른 모습이라니!' 이 정도면 건축공학과 디자인, 그리고 미디어 파사드 조명 기술의 완벽한 결합이라 할 수 있다. 수도 바쿠에 대한 상징성은 이 불꽃 타워 하나만으로도 끝판왕이라 할 수 있겠다. 그 특징을 3가지로 정리해 본다.

첫째, 불꽃을 형상화한 곡선형 디자인

불꽃 타워는 아제르바이잔의 상징인 불꽃을 건축적으로 구현한 건물이다. 각 타워의 곡선형 외관은 불꽃이 타오르는 듯한 이미지를 연출하며, 유려한 곡선이 시선을 사로잡는다. 특히 이런 독특한 디자인은 직선과 각이 주를 이루는 전통적인 건축 관념에서 벗어난 것으로, 건설 기술의 혁신과 디자인의 자유로움을 상징한다.

둘째, 첨단 LED 조명 시스템이다.

야간에 바라보는 불꽃 타워의 가장 큰 매력은 바로 LED 외관 조명이다. 타워의 표면 전체를 감싸는 LED 패널은 화려한 불꽃, 아제르바이잔 국기, 물결치는 패턴 등을 표현해 내며 도시에 생명을 불어넣는다. 바쿠의 밤하늘에 타오르는 듯한 불꽃 이미지는 강렬하고 신비로운 인상을 남긴다. 저 불꽃은 아득한 고대 조로아스터 신전의 불꽃까지 이어져 있는 셈이다.

셋째, 기능적 복합 건축물이다.

불꽃 타워는 단순한 랜드마크를 넘어서 주거, 상업, 호텔 기능이 결합된 복합 건축물이다. 세 개의 타워는 각각 다른 용도를 갖추고 있어 효율적이고 실용적인 도시 공간으로 활용된다. 이러한 복합 기능 설계는 현대 도시 건축의 흐름을 반영하며, 공간을 최대한 활용하면서도 주변 환경과 조화롭게 어우러지는 건축적 특징을 가지고 있다.

그동안 세계 곳곳의 도시를 여행했지만, 이 타워보다 더 찬란한 상징성은 보지 못했다.

하이다르 알리예프 문화센터는 세계적으로 유명한 건축가 자하 하디드(Zaha Hadid 1950~2016)가 설계한 건축물이다. 자하 하디드는 우리나라 동대문 디자인 플라자(DDP)를 설계한 건축가이기도 하다.

광장에서 이 건물을 처음 보았을 때, 내 눈앞에 펼쳐진 풍경은 건축물이라기보다는 하나의 예술 작품이었다. 유선형 외관의 건축은 일찍감치 프랭크 게리(Frank Gehry, 1929~)가 유명했고, 자하 하디드는 프랭크 게리의 아류처럼 보였지만 지금은 아니다. 오히려 역전된 느낌이다. 뭐랄까? 프랭크 게리의 외관은 기하학적 외관으로 차가운 느낌인 데 비해, 자하 하디드의 유선형 곡선은 마치 바람이 미끄럼을 타고 오르내릴 것 같은 느낌을 주니까 말이다.

이곳 하이데르 알리예프 센터도 지붕 곡선이 부드러울 뿐만 아니라, 건물과 하늘이 경계를 잃은 듯 절묘하게 어우러져 있다.

동대문 DDP에 진작 가보지 않았다면 그 충격이 더했을 것이다. 이음매 하나 찾아보기 어려운 거대한 표면, 3차원 곡선을 실현하기 위한 정교한 기술력, 무엇보다도 구조를 지탱하는 내부의 숨은 혁신들이 궁금했다. 특히 기둥 없는 넓은 공간을 유지하면서도 건물의 곡선 형태를 구현해 낸 것은 건설 기술이 예술과 손을 잡을 때 어떤 경지에 도달할 수 있는지를 보여주는 살아있는 증거라고 할 수 있겠다. 다만 빠듯한 일정으로 건물 내부를 견학하지 못한 점이 못내 아쉽다.

독자들을 위해 이 건축물의 특징을 5가지로 정리해 본다.

첫째, 유기적 곡선 디자인을 들 수 있다.

건축가 자하 하디드의 대표적인 특징인 직선이 거의 없는 디자인이 돋보인다. 건물은 물결처럼 흐르는 곡선을 사용해 땅에서 자연스럽게 솟아오른 듯한 느낌을 주며, 주변 환경과도 썩 잘 어울린다.

둘째, 이음매 없는 표면과 형태이다.

외관은 이음매가 거의 없는 거대한 백색 패널로 이루어져 마치 하나의 거대한 조각과 같은 느낌을 준다. 이는 첨단 기술과 고도의 건설 기술이 결합된 결과로, 미적 아름다움과 구조적 안정성이 조화를 이룬다.

셋째, 내부와 외부의 연속성이다.

외부의 곡선이 건물 내부로도 이어지며, 공간을 나누지 않고 유기적으로 연결하는 느낌을 준다. 방문객은 건축물 자체가 하나의 흐름이자 경험의 연장선 상에 있음을 느끼게 된다.

넷째, 빛과 그림자의 조화다.

자연광이 건물 표면을 따라 흐르며 시간대에 따라 다르게 반사되는 모습이 독특한 시각적 효과를 창출한다. 물론 실내 공간에도 자연광을 최대한 활용하여 밝고 개방적인 분위기를 연출할 것이다. 다만 그 실내를 내 눈으로 확인 못한 게 아쉽다.

다섯째, 구조적 도전과 혁신이다.

건물의 복잡한 곡면 구조를 실현하기 위해 첨단 건설 기술과 3D 모델링이 적용되었다. 특히 거대한 스팬(span)을 지지하는 기둥 없는 광활한 공간은 건설 엔지니어링의 혁신을 보여준다.

국민시인 나시미(Nashmi)는 누구인가?

바쿠 시내에서 아제르바이잔 전통 요리로 근사한 점심을 먹었다. 식후 자유시간을 이용하여 주변을 돌아보았다. 인근에 기다란 계단이 있었고 걸터앉기에 딱 좋았다. 일행 중 몇몇이 전깃줄 위의 참새처럼 나란히 앉았더니, 눈앞에 장방형 건물이 있었고, 그 벽면을 장식한 즐비한 초상화들이 눈길을 끌었다.

'궁금한 것은 못 참고 말고! 즉각 '나의 지니!'를 호출해야지!'

한 사람 초상화를 택해 사진을 찍은 다음, '이 초상화의 주인공이 누군지 말해줘' 챗gpt에 물었더니 3초도 안 되어 답변이 나왔다.

이 초상화의 주인공은 아제르바이잔의 국민 시인 이마뎃딘 나시미(İmadəddin Nəsimi, 1369~1417)입니다. 그는 튀르크계, 페르시아계, 아랍계 언어로 시를 남긴 중세 문학의 위대한 인물로, 특히 튀르크어로 심오한 철학적 주제를 다룬 최초의 시인 중 하나로 평가받습니다.

이미지 아래의 글귀는 나시미의 대표적인 시 구절로, 다음과 같이 해석될 수 있습니다:

이마뎃딘 나시미 (1369~1417) 초상화

"내 안에 두 세계가 담겨 있다. 그러나 나는 이 세상에 담기지 않는다."

이 구절은 그의 철학적 세계관과 인간의 신성함에 대한 믿음을 상징하며, 후루피즘(Hurufism)의 핵심 사상을 반영합니다. 후루피즘은 인간의 신적 본질과 문자(symbols)를 통한 신과의 소통을 강조한 이슬람 신비주의의 한 갈래입니다.

나시미는 이러한 혁신적이고 도전적인 사상 때문에 당대의 종교적 권위와 충돌했고, 결국 이단으로 몰려 처형당했습니다. 그러나 그의 시와 철학은 아제르바이잔과 주변 지역에서 큰 영향을 미쳤으며, 오늘날까지도 그의 유산은 존경받고 있습니다. 바쿠 도심 공원에 그의 동상이 세워진 이유도 그의 문학적, 철학적 중요성을 기리기 위함입니다.

'이크!' 즉문즉답의 쾌감은 잠시이고, '이단으로 몰려 처형당했다.'라는 사실에 가슴이 뜨끔해지고, 동시에, '나시미'라는 이름이 마치 순교자처럼 또렷이 각인되었다,

챗gpt의 답변을 확인한 뒤 뒤쪽을 둘러보니, 층층이 계단 위쪽에 거대한 동상이 서있는 게 아닌가. 동상으로 다가갔더니, 주인공의 이름이 큼지막하게 새겨져 있었다.

'Imadeddin Nashimi(1369~1417)', 동상을 배경으로 사진을 직은 다음 갑자기 그의 시세계가 궁금해졌다. 다시 '나의 지니'에게 그의 시 세계에 대해 자문했다.

아제르바이잔의 국민시인 나시미(Nasimi, 1369~1417)는 중세 페르시아와 튀르크 문학의 중요한 인물로 평가받으며, 그의 시세계와 문학적 영향은 다음과 같이 정리할 수 있습니다:

1. 후루피즘(Hurufism) 철학의 문학적 표현

나시미는 이슬람 신비주의(Sufism)와 밀접하게 관련된 후루피즘(Hurufism)을 시로 표현한 대표적인 시인입니다. 그는 인간의 내적 신성성과 문자(symbols)의 영적 중요성을 강조하며, 인간과 신의 본질적 일치를 탐구했습니다. 이러한 철학적 주제는 그의 시에서 자주 등장하며, 신비주의적이고 철학적인 깊이를 더했습니다.

2. 튀르크어 문학의 선구자

나시미는 페르시아어와 튀르크어로 모두 시를 썼지만, 특히 튀르크어를 문학적으로 승격시키는 데 중요한 역할을 했습니다. 그는 튀르크어로 철학적이고 신비주의적인 주제를 다룰 수 있음을 증명하며, 이후 튀르크어 문학 발전에 큰 영향을 미쳤습니다.

3. 신앙과 인간 자유에 대한 도전

그의 시는 당대 종교적 권위에 대한 도전으로 읽히기도 하며, 인간 자유와 내적 신성에 대한 강렬한 옹호를 담고 있습니다. 이러한 태도는 종종 논쟁을 불러일으켰고, 그가 결국 종교적 이유로 처형당하는 결과를 초래하기도 했습니다.

4. 사랑과 영성의 융합

나시미의 시는 사랑과 영성을 융합시키는 독특한 특징을 가집니다. 그는 육체적 사랑을 초월하여 영적 사랑을 추구하며, 이를 통해 인간 존재의 궁극적인 목표를 탐구했습니다. 그의 사랑 시는 깊은 감정과 철학적 성찰을 동시에 담고 있습니다.

5. 현대 아제르바이잔 문학 및 문화에 미친 영향

나시미는 아제르바이잔 국민문학의 기틀을 마련했으며, 현대 아제르바이잔 문학과 예술에 영감을 주는 인물로 남아 있습니다. 그의 이름을 딴 "나시미 페스티벌"은 그의 철학과 문학을 기념하며, 그의 작품은 아제르바이잔뿐만 아니라 주변 튀르크 국가에서도 널리 읽히고 연구되고 있습니다.

그의 동상은 이러한 문학적, 철학적 유산을 기리며 바쿠의 중요한 문화적 상징으로 자리 잡고 있습니다. - 출처: 챗gpt 4o

이참에 나시미의 대표시 1편 정도는 알고 싶다. 다시 나의 지니에게 물었다.

'아제르바이잔의 국민 시인 나시미의 대표시 1편을 소개하고, 해설해줘'

아제르바이잔의 국민시인 이마뎃딘 나시미(İmadəddin Nəsimi)

의 대표적인 시 중 하나는 "Məndə sığar iki cahan"(내 안에 두 세계가 담겨 있다)입니다. 이 시는 그의 철학적 깊이와 후루피즘(Hurufism)의 사상을 강렬하게 드러냅니다. 아래는 이 시의 대표 구절과 해설입니다.

원문 (튀르크어) 생략

번역

"내 안에 두 세계가 담겨 있다. / 그러나 나는 이 세상에 담기지 않는다. / 나는 공간에 속하지 않는 진주이며, / 평범한 나무 조각에는 매달릴 수 없다."

해설

1. "내 안에 두 세계가 담겨 있다."

여기서 두 세계는 물질적 세계(이 세상)와 영적 세계(내세 또는 신성)를 의미합니다. 나시미는 인간이 두 세계를 모두 품을 수 있는 신성한 존재임을 강조합니다. 이는 후루피즘에서 인간을 신과 밀접하게 연결된 존재로 보는 사상과 일치합니다.

2. "그러나 나는 이 세상에 담기지 않는다."

그는 자신이 단순히 물질적 세상의 일부가 아니라, 이를 초월한 존재임을 선언합니다. 이는 인간의 영혼이 무한하고, 물질적 한계를 뛰어넘는다는 철학적 믿음을 표현합니다.

3. "나는 공간에 속하지 않는 진주이며,"

여기서 '진주'는 그의 존재와 사상을 나타내며, 공간과 시간의 제약을 받지 않는 순수한 영적 본질을 상징합니다. 후루피즘의 관점에서 이는 신성과 인간의 본질적 일치를 나타냅니다.

4. "평범한 나무 조각에는 매달릴 수 없다."

나무 조각은 물질적이고 평범한 것들을 상징하며, 그는 자신이 이런 세속적이고 제한된 것에 얽매일 수 없음을 밝히고 있습니다. 이는 인간이 물질적 존재를 초월해 영적 진리를 추구해야 함을 말합니다.

철학적 의의

나시미의 이 시는 인간 존재의 신성함과 영적 초월을 노래하며, 후루피즘의 핵심 사상을 대변합니다. *그는 인간이 신과 동일한 본질을 가지고 있으며, 물질적 세계를 넘어 영적 세계와 연결될 수 있음을 주장합니다. 이 시는 나시미가 당시 종교적 권위와 충돌한 이유를 잘 보여주며, 오늘날까지도 철학적 깊이와 문학적 아름다움으로 널리 읽히고 있습니다.*

나시미의 이러한 시는 단순한 문학 작품을 넘어, 철학적·신학적 탐구의 본질을 담고 있어 독자에게 깊은 영감을 줍니다.

'나의 지니'가 아니었다면 그냥 지나쳤을 위인, 아제르바이잔의 국민 시인 나시미를 알았다. '굿잡(Good Job!) 챗got!' (박하)

카스피해 상공을 날아 아제르바이잔으로

 타슈켄트에서 짧은 하루를 보냈다. 시차 때문에 6시간 정도 잠을 깊이 자서인지 아침에 피곤하진 않다. 07시 35분 바쿠행 비행기를 타야 하기에 5시까지 공항으로 가기 위해 일찍부터 서둘렀다. 10분 정도 이동해서 타슈켄트 공항으로 이동했다. 수도의 중심 한가운데 국제공항이 있고, 또한 24시간 운영되는 것이 부럽기만 하다.

 우리나라로 대비하면 절대 있을 수 없는 일이다. 공산주의 국가에서의 강제성이 국민들을 이해시킨 일인지 알 수는 없다. 공항에 도착. 처음 화물검사를 하는데 이렇게 해도 되나 할 정도로 허술하다. 하지만 출국심사는 까다롭다.

 얼굴을 대조하고 몇 마디의 질문에 'yes'를 서너 번 해야 했다. 한 사람이 통과하면 검색대 직원은 볼일을 보는지 자리를 비우고 여기서도 스마트폰을 본다. 직원들의 업무처리가 답답하다. 이렇게 해서 대합실에 대기하고 있는 사람들을 어찌 다 검사하려는지 알 수 없지만 줄을 일찍 서는 바람에 비교적 빨리 들어갈 수 있었다. 다시 검색한다. 이제는 신발과 모자까지 벗고 모든 사람들을 촉수검사를 하는데, 또 느리다.

 비행기는 지금 사막을 지난다. 끝도 없이 넓은 사막, 방위를 알 수 없는 하늘로 쏟아져 들어가는 모양이다. 산과 나무와 호수, 그리고 바다를 볼 수 있는 우리나라의 산하와는 천지 차이다. 도시가 없고,

색깔이 없다. 그저 은회색을 띤 흙의 음영으로만 형성되어 사람이 살 것 같은 곳과, 접근하지 못하는 곳으로 구분되어 있을 뿐이다.

노트 옆엔 김훈 작가의 『허송세월』이 있다. 묘지에 그려져 있는 나무 2그루, 정자에서 소반 위 막걸리를 한 잔하고 기둥에 기대어 있는 노년. 그리고 조금 떨어져 생뚱맞게 나 있는 지섬 한풀. 새 두 마리가 산등성이로 날아가는 근원을 알 수 없는, 골세骨勢가 평이한 산의 모습이 허송세월을 보내고 있다. 지금 내려다보이는 신기한 땅과 질을 알 수 없는 흙의 끝없는 향연을 보는 일, 올해 들어 처음 허송세월로 보내지 않는 유일한 시간이 된다. 아직 카스피해의 모습이 보이지 않는데 한반도보다 넓은 면적에 물을 담고 있어도 호수라 하지 않는 것은, 넓음이 주는 광활함일 것이다.

우리가 탄 비행기가 낯설지 않다. 통로 양옆으로 3개씩 있는 것이 부산과 제주를 오고 갈 때 타는 비행기와 같은 기종이다. 티켓을 보니 통로 쪽인데 창가 좌석을 원했건만 아쉽다. 탑승하는 어떤 분이 스스로 창가 좌석을 양보한다. 몸집이 꽤 커서 아마도 안쪽 좌석이 부담스러운 모양이다. 이런 행운이 오다니! 그것도 말도 통하지 않는 덩치 크고 내 수염보다 열 배는 무성하게 난 젊은 청년이라 더욱 고마울 뿐이다. 너무 이른 아침에 호텔을 나와야 했기에 호텔 조식은 먹지 못하고 간단히 샐러드와 빵, 과일로 도시락을 제공받아 먹었다. 그런데 또 기내식을 준다. 이른 시간이니 아침 식사로 제공해 주는 것인데, 양이 너무 많다. 빵 큰 거에다 작은 것(안에 희한하게 고기를 다져 넣었다), 오렌지와 사과, 땅콩, 소고기미트와 밥 반 공기 정도. 땅콩, 샐러드와 각종 소금, 설탕, 후추 등의 양념류와 샐러드가 부담스러운 양이다. 안쪽 좌석에 앉아 먹을 생각을 하니 사육당하는 기분이다. 결국 우리 부부는 둘이 하나의 도시락만 먹기로 하는데 그래도 남는다. 비만이 많은 나라라는 게 이유가 다 있었다. 열량이 많은 식사를 엄청난(?) 양으로 먹는데 비만하지 않은 게 이상할 정도다. 아직 보고 싶은 카스피해는 보이질 않는다. 1시간 동안 계속 이어지는 사막, 사막, 사막! 그래도 이곳에 아주 적지만 사람이 살고는 있다 하니, 그들의 수고로운 삶이 느껴진다.

두 시간의 비행이 다 되어가는데 카스피해는 보이질 않는다. 해역 상공으로 지나가긴 하는데 아직 구름 위를 날고 있어 운해들만 잔뜩 보인다. 구름이 나와 카스피해의 사이를 갈라놓는다. 하지만 끝까지 떨어트려놓질 못할 것이다. 카스피 해와 맞닥뜨린 곳에 바쿠가 있어서 착륙하려면 반드시 고도를 낮추어야 하는데 가도 가도 끝없이 이어지는 운해는 걷히지 않고 계속된다. 구름이 야속하기만 하다.

어디가 하늘이고 어디가 물인지 모르는 상황이 되니 머리로만 상상하는 호수의 넓이를 가늠하기 어렵다. 어렸을 때 지도에 관심이 많았던 나는 카스피해의 크기와 한반도의 크기를 번갈아 보며 도대체 그 크기가 어느 정도인지 궁금해했었다. 그건 넓음을 떠나 무한대의 광활함이다. 고도를 내리자 바쿠만에 모여있는 작은 배들이 점처럼 보이고 이제야 하늘이 아니고 물인 줄 알겠다. 끝없이 이어진

해안선은 그 길이 또한 무한의 연속이다. 아직 다 보지는 못했지만 카스피해의 웅장한 모습을 보는 꿈은 이루었다. 직접 보아도 넓이와 크기는 상상의 한계 속에 갇혀 빠져나오질 못한다.

바쿠의 첫인상

카스피해에 온갖 신경이 집중된 사이 정확한 시간에 바쿠공항에 도착한다. 입국 수속을 마치고 나오니 체구가 아주 작은 조지아 여인이 유창한 한국말로 우리를 반긴다.

눈을 감고 들으면 외국인이라고 생각할 수 없는 유창함이다. 8개월 정도 본격적인 한국어 공부를 했고, 한국계 회사에서 6년 근무한 이력이라 해서 다들 놀란다. 발음, 억양, 사투리 그리고 MZ세대들이 쓰는 줄임말과 은어까지 모르는 게 없다. 서울, 대전, 제주, 부산, 속초, 여수 등을 돌며 근무했다 하니 한국말을 잘 배운 모양이다. 발음이 정확하고 조사 끼워넣기가 단정해 말의 전체 흐름이 부드럽다. 국적은 조지아인데 아제르바이잔에서 일을 하고 있다니 열심히 사는 젊은 여성인 것 같다.

시내 도로를 통해 불의 신전으로 가는 길옆에 TV로만 봤던 석유채굴 기계가 우리를 반기듯 90°로 인사하는 것처럼 육중한 덩치를 숙이고 드는 모습이 보인다. 우린 그렇게 원해도 가질 수 없는 석유가 어디 마을 우물 파듯이 퍼서 쓰고 있다니. 부럽기도 하고 신기하다.

바쿠시는 전형적인 고대도시의 형태다. 도로망의 형태는 도시중심지에서 방사형을 뻗고 방사형 도로를 환상형 도로로 걸어 연결하고 내부는 다시 격자로 세분한 전형적인 고대도시의 형태를 하고 있다. 구시가지와 신시가지가 명확히 구분되는 모습이고, 한눈에 봐도 언뜻 삶의 표면적 격차를 알 수 있을 정도이다. 어딜 가나 양극화가 없는 곳이 없었다.

시내는 고양이가 자기가 원래 주인인 듯 사람과 섞여 활보하고 다니는 게 신기하다. 고급 상점 안으로도 마음놓고 들락거리는데 사람들은 쫓아내지 않고 돌봐준다. 이슬람 국가에선 고양이를 선호하고 개는 싫어한다고 한다. 개는 시내에서 한 마리가 산책하는 것을 본 것이 전부이다. 동물도 잘 살아가야 할 곳이 정해져 있는데, 그 모습은 사람과 달리 동·서양의 구별 없이 모습도 똑같다. 젊은이들의 밝은 모습, 그리고 스스럼없는 애정 표현, 자유분방한 복장을 보니 과연 이슬람 국가가 맞나 하는 의구심이 든다.

거리에서 만난 사람들이 어디에서 왔느냐고 묻는다. KOREA에서 왔다고 하니 SOUTH인지 NORTH인지 묻는다. 난 당연한 것이 그 사람들은 당연치 않은 모양이지만 꼭 SOUTH라는 말을 붙여야 하는 현실이 서럽다. 나는 SOUTH KOREA라 말하면서 내가 우리 조국을 또 한 번 분단시키고 말았다. 내일도 장시간 버스를 타고 가야 하지만 차 안에서 쉴 수 있어서 다행이다.

고부스탄의 암각화

고부스탄 암각화 유적지로 간다. baku에서 1시간 30분 차를 타고 가야 한다. 아직 잠이 덜 깼는지 자꾸 눈이 감기고 가이드의 목소리도 동행한 사람들의 쉴 새 없이 떠들고 웃는 소리도 자장가 같다.

baku 도심을 벗어나 고부스탄으로 가는 고속도로는 시원했다. 차창 가로 계속해서 회색의 땅이 보이고 민둥산이 끝없이 펼쳐진다. 물이 없고 나무가 없는데, 저 멀리서 산지 입구에 늘어선 엄청난 물체들이 어렴풋이 보인다. 설마… 가까이 갈수록 거대한 바위들이 종횡으로 엇갈려 쌓이거나 붙어있고, 색은 흑갈색이며 크기가 엄청남을 알 수 있다. 큰 바위 사이를 버스는 아슬아슬하게 올라간다. 드디어 암각화를 보는데 심장이 뛴다. 책에서 보던 모습을 직접 눈으로 본다는 기쁨과 어떻게 그려내었을지를 상상하기도 한다.

4명의 남자와 여자가 춤추는 모습이 바위 제일 위에 선명히 각인되어 있다. 그 모습이 현학적이다. 남자의 성기로 보이는 선들이 그려진 것은 위에 위치하고 여자는 밑에 그려져 있는 것으로 보아 그때에도 남존여비의 세상이었다고 가이드는 설명한다. 말과 노루, 사자, 멧돼지의 모습들이 그려져 있고, 둘이 서 있는 각도에 따라, 바람을 맞는 정도에 따라 그림의 윤곽이 뚜렷한 것과 아닌 것의 차이가 난다.

이곳이 카스피해의 해저였음을 설명 듣고 그제야 암각화의 위치를 이해하게 되었다. 그렇다면 이곳은 저 끝없이 펼쳐진 평원 끝에 보이는 카스피해가 시간이 흘러 여기서부터 그곳까지 밀려갔다는 것일까. 암각화와 카스피해 사이의 거리는 시대의 흐름을 말해주는 나이테였을까. 그곳에서 사람들은 그림을 그리고 집을 짓고 살았고, 지금은 땅을 파서 석유를 얻고 있다. 세월의 긴 흐름 속에 서 있었고, 눈으로 확인하는 순간 가슴이 뛰고 머리가 청량했다. 다른 여행객 일행 중에서 어떤 분이 "이걸 보려고 이 땡볕에 이곳까지 왔나"라는 소리를 한국말로 들으니 웃음 반 슬픔 반이다.

관심에 따라 보는 것도 천차만별인 듯하다. 아직 발굴을 하지 못한 건지 안 한 건지 모르겠지만 거대한 바위산을 보면서 저 속에 얼마나 많은 시대의 비밀이 숨어있을까 상상해본다. 아마도 못할 것이며 안 했으면 하는 생각이다. 인간의 상상에 맡겨보는 것도 좋을 듯하다.

현지 가이드와 때아닌 언쟁

버스에서 가이드와 교수님의 언쟁이 있었다. 가이드는 결국 가이드를 하지 않겠다고 하는 일이 벌어졌다. 역시 어떠한 곳이나 관계에서는 정치, 종교, 역사, 인종의 이야기는 하지 말아야 한다. 그것이 진리인 듯하다. 아슬아슬하게 오고 가던 어제의 언쟁이 전조가 되었고, 오늘 터졌으니 나를 당황하게 한다. 제노사이드가 있었던 것은 사실인데, 그 수가 50만~150만의 차이에서 서로 이견이 있었다. 듣고 있으니 답답했다.

그 죽음의 수가 중요하겠지만, 제노사이드의 원인보다 더 중요한가에는 둘 다 의견이 갈렸다. 얼마나 죽어야 집단학살이라고 하는 건지 명확히 그 수를 가늠하는 것 역시 무의미하다. 역사와 현실에서 뒤틀리고 왜곡되었더라도 제노사이드가 있었던 중요한 사실은 잊지 말아야겠다. 역사란 왜곡될지언정 생략되어서는 안 되는 일이다. 가까스로 분위기는 수습되어 다시 여행은 시작되었지만, 기분은 잠자고 있었다. (이재웅)

'불의 사원' 넘어 코카서스 실크로드로!

 2024년 9월 21일, 우즈베키스탄 타슈켄트를 거친 HY755편 비행기가 카스피해를 넘어갑니다. '마지막 농촌 시인' 세르게이 예세닌(1895~1925), 그가 자살로 생을 마감하기 7개월 전인 1925년 5월에 바쿠를 떠나며 "튀르크의 푸른 하늘이여!"(시 '안녕, 바쿠')라고 노래하였던, 바로 그 바다입니다. 우리의 여행 코스는 아제르바이잔의 수도인 바쿠에서 고부스탄과 세키를 지나 조지아로 가서 시그나기~트빌리시~므츠헤타~카즈베기를 돌아보는 겁니다. 그리곤 다시 트빌리시로 돌아와서 아르메니아 국경을 넘어 세반 호수와 아라라트산, 가르니 지역을 여행하고 예레반~ 트빌리시~ 타슈켄트를 거쳐 서울로 돌아오는 일정입니다.

 전체 일정은 10박 11일로 예정하고 있습니다. 여행팀은 우리 (사)유라시아교육원에서 북방 유라시아를 같이 공부하고 같이 여행을 다니는 회원들, 박원호 운영위원(시인, 건설기술자, ㈜ 하우엔지니어링 부사장, 부산시인협회 편집주간)의 개인적인 친구분들, 올 상반기에 해운대 센텀의 은누리디지털문화원에서 10주 동안 진행한 '제1기 북방문화 아카데미' 수료생들, 이렇게 20명입니다. 코카서스를 누빌 한국인 캐러밴(Caravan)이라고나 할까요.

 불의 도시 바쿠에 내려 제일 먼저 달려간 곳은 불의 사원 '아테쉬가흐'(Ateshgah)입니다. 나이가 들고 세월이 흐를수록 경외의 심정이 무럭무럭 솟아나는 우리 인류의 사상가 자라투스트라(조로아스터) 선생의 어록들!

"잡신에 이리저리 흔들리지 말고, 우주 질서를 주관하고 움직이는 하나의 신神을 설정하라!" "세상과 마음속에서 일어나는 암흑과 광명을 인정하되, 오직 참됨과 광명을 향하여 노력하고 전진하면서 암흑과 어둠을 극복하려고 애써라!" "바른 마음, 바른말, 바른 행동, 이 삼각형 지침을 잊지 말라!" "땅, 물, 불, 공기는 신성한 것, 신전의 불을 다룰 때도 마스크를 꼭 써서 불에, 침이나 땀이 튀지 말게 하라. 시신은 바람에 흩어지게 풍장하고, 절대로 자연을 더럽히거나 훼손하지 말라!"

"지상에서의 너의 모든 마음가짐과 언행은 오롯이 너의 실존적 책임 사항이다. 진리요 빛이신 '아후라 마즈다' 신조차 너의 죄를 사하거나 경감시킬 수 없다. 너는 그렇게 최후의 심판 앞에, 지옥 불의 구덩이 위에, 환생의 가능성 앞에 홀로 서야 한다"라고 사람들을 가르쳤습니다.

세상의 종교가 유대교, 기독교, 불교, 마니교, 자이나교, 이슬람교 등으로 갈라지기 이전의 통합적 가르침이고, 실존 철학이고 환경 생태학입니다. 우주와 자연과 인간의 도덕적 심성론을 아우르는 큰 스승이고 구원자라고 생각합니다. 조로아스터의 가르침대로 사람들이 계속 그렇게 살았으면, 기후 변화로 전 세계가 고통을 받고, 21세기에 우크라이나와 이스라엘에서 전쟁이 벌어지고 하는 이런 지옥은 오지 않았겠죠?

페르시아의 영토가 지금처럼 쪼그라들지 않고 튀르키예~중동~중앙아시아~코카서스~인도 북부에 이르던 기원전의 대이란(Great Iran) 시대, 그때 지금의 이란 땅 어딘가에서 출생한 조로아스터가 여기저기를 떠돌다 이곳으로 와서 영원히 꺼지지 않는 가스 불을 발견하고선 '조로아스터교'를 창시한 곳이 바로 여기 '아테쉬가흐'(Ateshgah)입니다. '불의 신전'이라는 뜻이죠. 훗날 인도 무역상과 상인들이 카스피해와 육로로 이곳 바쿠까지 실크로드를 개척하면서 이 불의 사원은 힌두교 성지, 시크교(Sikhism)의 성지를 겸하게 되었습니다.

조로아스터교가 시작된 바쿠의 '불의 사원(Ateshgah)'

옛날과 마찬가지로 지금도 사원의 한복판에 가스 불꽃이 타고, 순례객들이 세계 각국에서 온 관광객들과 섞여 붐빕니다. 17세기에 재건되었다는 성벽이 사원을 넓게 두르고 있고, 성벽을 따라 실크로드 상인들이 짐을 부리고 숙소로 사용하던 '카라반 사라이'(물류창고 및 호텔)가 줄지어 있습니다. 바쿠 시내는 세계적인 자동차 경주대회인 포르물라 1(Formula 1)을 연속적으로 개최할 정도로 정비가 잘 되어있고 현대적입니다.

젊은이들의 거리인 '니자미 거리'와 그 주변의 문화단지를 걷습니다. 바쿠의 인구가 대략 1백만 명 정도인데 이곳 문화의 거리가 서울의 대학로보다는 수십 배나 면적이 넓고, 무엇보다 차가 일절 다니지 않아서 좋습니다. 곳곳에 세련된 카페, 문학관, 옛 아르메니아 교회, 대학 건물, 시인들의 동상이 즐비합니다.

니자미 간자비(1141~1209)는 12세기 페르시아의 대시인으로 페르시아 서사시에 구어체의 시어와 사실주의 문체를 도입한 인물입니다. 그래서 이곳 아제르바이잔에서뿐 아니라 이란, 우즈베키스탄, 쿠르디스탄, 아프가니스탄, 타지키스탄 등에서 널리 숭앙받고 있습니다. 우즈베키스탄의 타슈켄트에 '니자미 사범대학'이 있고 거기에도 그의 동상이 있는데, 시인의 고향 아제르바이잔에서 그의 옆에 서보니 감회가 새롭습니다.

'아라즈 테라스'라는 곳에서 양고기 갈비로 점심을 먹고, 구시가지로 걸어 올라갑니다. 작은 왕궁과 왕족의 무덤, 사원, 목욕탕 등과 3

천여 명의 후손이 거주한다는 12~19세기의 고색창연한 집들 사이로 몽실몽실한 옛날 자갈길이 여전하고, 카스피해가 내려다보이는 골목에서 노인 몇이 사슴이 그려진 그림판을 놓고 장기와 주사위가 혼합된 듯한 전통 놀이를 하고 있습니다.

 발길을 해변으로 돌립니다. 해운대보다는 해변이 서너 배는 길어 보입니다. 젊은 연인들, 유모차를 밀고 나온 앳된 신부들, 여긴 어디를 가나 젊은이들이 넘치고 아이들의 웃음소리와 울음소리가 군데군데에서 들리네요. 평화로운 긴 해변을 산책하고, 해변에 세워진 유명한 바리톤 가수 무슬림 마가마예프(1942~2008) 동상 옆에서 그의 손을 잡아봅니다. 그리곤 '순교자의 공원'을 지나 카스피해가 내려다보이는 전망대로 오릅니다.

카스피해에 면한 바쿠의 신비스러운 야경

'순교자의 공원'은 소련 연방이 해체되어 가던 1990년 1월 20일에 "아제르바이잔 독립 만세!"를 부르다 여기서 숨진 180명의 시민을 추모하는 공간입니다. 숱한 젊은이들의 안타까운 생전 모습이 담긴 사진과 초상화가 노란 가로등 아래에 명멸하고, 위-중간-아래의 3단계로 잘 조성된 전망대에선 난간의 소나무 사이로 슈퍼 문(super moon)이 떴습니다. 송정~동백섬~광안리를 모두 합친 듯한 기다란 해안선과 잔잔한 물결 위의 얌전한 도시 조명, 휘영청 뜬 달! 야경이 이렇게 아름다운 도시가 세상에 또 있었나? 그런 생각이 듭니다.

아침 7시에 호텔 식당에 모여 식사하고, 진한 커피를 한 잔 마시고, 버스에 오릅니다. 오늘은 아제르바이잔과 조지아 사이의 국경지대로 이동하는 날입니다. 마이크를 잡고 어제 답사한 지역을 같이 회상하고, 그 의미를 같이 새겨보면서, 인상과 정보를 정리하는 시간을 잠깐 가집니다. 이른바 '5분 요약' 시간입니다. 여행 기간에도 그러했지만 돌아와서도 "그 시간이 제일 좋았어요!" 하는 분들이 의외로 많더라고요. 그렇습니다. 인상은 만화경 속의 알록달록한 그림이나 휘발유 비슷해서, 시간 단위로 끊어서 정리한 다음에 어떻게든 마음 폴더에 저장해두어야, 그 가운데 토막을 붙들어 둘 수 있습니다.

가스 채굴 지대, 유전 지대를 지나 황야를 한 시간 반 정도 달려 고부스탄으로 왔습니다. '큰 바위의 땅'이라는 이름답게 느닷없이 야산에 솟아있는 커다란 바위 사이로 중석기 이후의 암각화가 무려 6

세키의 카라반 사라이. 무역상들의 숙소 겸 물류창고

천여 점이나 여기저기 새겨져 있습니다. 낙타와 소, 말 등 동물들, '얄르'라고 불리는 민속춤, 바이킹의 배를 닮은 선박 등이 바위와 절벽, 동굴 안에 가득하군요. 키르기스스탄 이식쿨 호수의 촐폰 아테야외 암각화 박물관도 동쪽으로 호수가 내려다보이는 언덕 위에 넓디넓게 조성되어 있었는데, 여기도 카스피해를 동으로 바라보고 양지바른 구릉에 어마어마한 암각화 단지가 꾸려져 있네요. 산을 등지고 물에 면하는 배산임수背山臨水형이라고 할까요, 동서고금을 막론하고 명당의 입지란 비슷한 모양이죠?

아제르바이잔의 옛 도시 세키(Sheki)가 가까워지는 30km 지점부터는 풍경이 싹 바뀌었습니다. 국토의 18%라는 사막과 황야가 끝나고 코카서스 산악 지대가 시작되었습니다. 여기서부터는 비도 많이 내리기 때문에 밀밭과 감자밭이 평원에 가득하고, 붉은색 노란색 등

각양각색의 포도를 길가로 들고나온 농민들이 양 떼와 목동 사이로 자주자주 눈에 띕니다. 30m나 되어 보이는 높다란 미루나무 사이 나직한 숲에 몸을 감싼 산골 마을들이 속속 출몰하고, 길가엔 아르메니아와의 나고르노카라바흐 영토 분쟁에서 숨진 청년들의 초상화가 그 어머니들의 피눈물을 안은 채 줄줄이 지나갑니다. 산간 도시 세키는 도시 이름에서 알 수 있듯이 기원전 8세기 무렵엔 흑해에서 발원한 페르시아계 사키인, 동쪽으로 이동하면서 카자흐스탄에 '황금 인간'(Golden man)이라는 국보를 남긴 그 사키인이 코카서스에 남긴 도시 가운데 하나입니다.

발칸 반도의 알바니아와는 무관한 '코카서스 알바니아'라는 나라가 3~5세기 무렵에 여기 코카서스에 있었는데요, 그때 이곳은 인류 최초의 기독교 국가인 아르메니아의 영향으로 기독교 지역이었죠. 그 이후에 이슬람 칼리프 제국이 여기를 침입하고, 동쪽에선 하자르 초원제국이 달려들고, 남쪽에선 페르시아가 쳐들어오고, 북쪽에선 러시아제국이 내려왔습니다. 이리 떼들의 틈바구니에서 그래도 한때나마 세키 칸국(1723~1819)이라는 소국을 유지하였던 세키 사람들, 18세기에 그들이 남긴 작은 왕궁의 마지막 방 벽에 이색적인 벽화가 있었습니다.

흉악한 맹수의 입에서 복련화를 닮은 풍성하고 아름다운 꽃 세 송이가 쏟아져 나오고, 늑대와 사슴이 하나의 들판에서 같은 방향으로 같이 뛰며 같이 노닐고 있었으며, 지옥도로 보이는 그림 옆쪽에는 머리는 남자인데 목은 여자인 정체를 분간하기 어려운 사람도 보였어요. 페르시아 장인들이 이곳 왕의 주문으로 이런 벽화를 남겼다고 하니까, "악과 선은 원래 뿌리가 같다." "우리가 어떻게 살고 어떤 사회를 이루는가 하는 건 결국 우리의 실존적 윤리적 결단에 달렸다." "선함은 선함으로, 악행은 악행으로 되돌아온다"는 조로아스터의 가르침이 여기까지 다다른 게 아닌가 싶네요. 혹은, 고래 등쌀에 등이 터져가며 작은 소국을 유지하려고 애쓰던 세키 왕의 고민과 자기 임무가 반영된 그림인가 싶기도 했어요.

왕궁을 짓는 데 2년이 걸렸는데 이런 벽화를 완성하는 데 8년이 걸렸다니, 입이 딱 벌어집니다. 계곡 위쪽에서 아래로 꿈의 별장 촌이 펼쳐져 있는 아름다운 세키, 그 구시가지의 아래쪽엔 굉장한 규모의 '카라반 사라이'가 있었어요.

객실이 3백 개나 되는 옛 실크로드 대상隊商들의 고급 숙소 겸 물류창고인데요. 다 그런 것은 아니겠지만 중국인들 가운데는 눈살을 찌푸리게 하는 관광객이 많군요. 마구 큰소리치고, 줄을 안 서고 밀치고, 올라가지 말라는 2층 복도를 쿵쾅쿵쾅 굴리고 다니고, 야단입니다. 카라반 사라이의 직원들이 말려도 도통 말을 들으려 하지 않습니다.

우리는 저런 행동을 절대로 해선 안 되겠습니다. 널따란 테니스 코트와 수영장, 체력단련장, 사우나 시설이 딸린 연수원 같은 호텔에서 하룻밤을 묵고 포도주로 유명한 조지아로 넘어갑니다. (이재혁)

아제르바이잔 바쿠 기행

잠시 졸다가 눈을 떠 앞에 있는 모니터를 보니 비행기가 커다란 카스피해를 가로질러 날아간다. 인접해 있는 바쿠 공항에 곧 착륙할 것임을 그래픽으로 보여주고 있었다. 직감적으로 여기가 바로 카스피해로구나라는 생각이 들었다. 창밖을 보니 하얀 뭉게구름이 넓게 깔려 있어 바단지, 호순지는 분간할 수 없었고, 비행기는 흰 구름 위를 느릿하게 날고 있었다. 마치 구름 사탕 위를 정지 비행하는 꿀벌처럼 여유롭게 느껴졌다. 그러나 모니터에 표시된 실제 속도는 600~700km/h나 되었다.

현지 가이드 라시마 양을 만났다. 34세 여성, 한국어 3개월 독학하고 부산 사람이 사장인 회사를 반 년 정도 다녔다는데 부산 사투리도 곧 잘한다. 6개 국어를 하는 언어 천재다.

바쿠는 아제르바이잔 수도이자 전통과 현대가 조화를 이루는 매력적인 도시인데, 이 나라의 1000만 인구 중 400만 명이 이 도시에 살고 있다. 카스피해 연안에 위치하고 있으나 사막지대라서 인근 도시에서 수돗물을 끌어다 써야 하고, 도시 녹화를 위해서 정원이나

가로수에 하루 2번씩 물을 주고 있단다.

 버스로 이동 중 차창에 비친 풍경, 그야말로 황량한 사막지대다. 아제르바이잔은 석유 자원이 풍부한 나라로 면적은 남한보다 적은 면적에 1000만 명이 살고 있다. 역사적으로 이 나라는 기원전부터 고대 페르시아제국의 지배를 받아오다가 7세기에 아랍의 지배를 받았고, 11세기에는 셀주크튀르크, 13세기 몽골, 16세기부터 약 400년간 페르시아와 오스만튀르크의 통치를 받았다. 19세기 이후 러시아와 소련에 편입되었다가 1991년 10월에 독립하였다. 그런 연유로 튀르크계(돌궐) 민족이 대다수(81%)인 다민족, 다종교 국가이며 국민 절대다수가 이슬람을 믿지만 기독교, 유대교 등 다양하다. 인종적으로는 터키, 종교적으로는 아랍, 정치적으로는 이란(페르시아)과 긴밀한 관계이다.

고대로부터 아시아와 유럽을 연결하던 실크로드의 중요한 경로 중 하나에 바쿠가 위치한다. 다양한 민족과 교류함으로써 상업뿐 아니라 건축, 예술, 언어의 상호작용으로 문화가 발전하였다. 현재에도 남유럽 및 중앙아시아를 연결하는 에너지와 물류의 허브 역할을 하고 있는데 터키, 인도, 이란, 중국, 러시아, 기타 유럽 여러 나라와 교역, 투자, 기술이전 등 활발한 교류가 이뤄지고 있다.

버스로 이동하는 동안 구닥다리로 보이는 채유시설이 곳곳에 널려 있어서 여기가 불의 나라임이 저절로 드러나고 있었다. 고대 기록에 따르면 기원전부터 자연적으로 흘러나오는 석유를 주로 종교적 의식과 의학적 용도로 사용했다고 표기하고 있다. 라시마 말로는 처음에는 20여m만 파도 석유가 나왔다고 한다. 석유가 얼마나 많으면 아직까지 저런 설비로 기름을 퍼 올릴 수 있는지 경이로웠다. 지금도 냉수에 기름이 둥둥 떠서 정수하여 마신다고 하며, 2016년 유럽올림픽대회 성화 불을 여기서 가져갔다고 한다. 바쿠의 석유산업은 국가 경제뿐 아니라 국제 에너지 시장에서도 중요한 역할을 하고 있다.

아테쉬가흐(Ateshgah) 불의 사원
바쿠 외곽에 위치한 고대 종교사원으로 조로아스터교, 힌두교, 시크교 신자들이 불을 숭배했던 장소였다. 아테쉬가흐는 페르시아어로 '불의 집'이라는 뜻이다. 이곳은 지하에 천연가스가 풍부하여 대

기 중에 새어나온 가스가 자연 발화하여 수 세기 동안 꺼지지 않았다고 한다. 불을 신성시하는 조로아스교 신도들이 종교적 성지로 여겼고(조로아스터 사원으로도 불림), 18세기경부터는 인도에서 온 힌두교, 시크교 순례자들이 여기를 방문하여 제단에 불을 올리고 종교의식을 거행하였다.

땅속에서 솟구쳐 꺼지지 않는 불길을 보고 그 옛날 사람들은 얼마나 신기하게 여기며 성스러워했을까? 19세기 이후부터는 가스 고갈로 인해 더 이상 자연적으로 타오르는 불길은 꺼졌고, 순례자의 발길도 끊어졌지만 대신에 지금은 유명 관광지가 되어 많은 사람들이 방문하고 있다. 현재 타오르는 불은 가스관을 매립하여 옛날 모습을 재현해 놓은 것이란다.

바쿠의 석유개발

- 제정 러시아 시절 :
  - 1847년 드릴링을 통해 최초로 산업적 석유 채굴 시작.
  - 1972년 민간에게 석유 개발권이 허가되면서 대규모 개발 촉진.
  - 20세기 초 바쿠가 전 세계 석유 생산량의 50% 이상을 점하자 '석유의 수도'라 불리게 되었고, 이 시기에 노벨과 로스차일드 가문이 투자하여 석유 붐을 일으켰는데 그 결과 바쿠의 경제가 크게 발전하였다.
- 소련 치하 시절 : 해양시추기술 개발로 카스피해 석유개발이 본격화 됨.
- 독립 이후 : BP와 같은 다국적 기업의 참여로 카스피해의 심해

1850년대 수도 바쿠의 유정(油井) 모습

에 있는 석유와 천연가스 개발까지 크게 확대되면서 유럽과 아시아를 송유관과 가스관으로 연결하는 에너지 허브로 자리매김하게 되었음.

조로아스터교

- 기원전 1천 년경에 고대 이란(페르시아)에서 출생한 조로아스터(Zoroaster)가 창시한 인류 역사상 가장 오래된 종교로서, 진리와 빛의 신이며 우주를 창조하신 아후라마즈다(Ahura mazda)를 유일신으로 숭배하는 종교이다.
- 우주는 아후라 마즈다의 뜻에 의해 일정한 질서에 따라 움직이고, 인간은 자유 의지를 갖고 선과 악을 선택할 수 있다. 무얼 선택하느냐에 따라 개인의 운명과 영혼의 구원이 결정되므로 선한 삶을 살면 천국으로 악한 삶은 지옥으로 이어진다고 믿는다.
- 불의 의미 : 세상을 이루는 물, 불, 바람(공기), 흙으로 보았는데 불은 신성한 존재로서 신의 영광을 나타내고 진리와 순수성을 상징하며 인간의 영혼을 정화하는 역할을 하기에 예배에서 불을 중시하고 있다. 그리고 사후 심판관 앞의 마지막 법정에서 선인은 영혼에 남아 있는 악을 태우는 정화의 불이지만, 악인에게는 다 태워버리는 징벌과 고통의 불이 된다고 믿었다.
- 고대 이란의 주류 종교였으며 기독교, 유대교, 이슬람교 등의 다른 종교에 많은 영향을 주었으나 오늘날에는 이란의 소수 추종자들과 인도 파르시족에 의해 유지되고 있다. 파르시족의 부모

밑에서 태어난 팝 그룹 퀸의 보컬인 '프레디 머큐리'도 조로아스터 신도였다.
- 니체는 조로아스터의 사상에 영향을 받아 『짜라투스트라는 이렇게 말했다』라는 책에서 조로아스터를 모티프로 삼아 인간 존재의 의미와 도덕적 선택에 대한 철학적 탐구를 담아서 기존 도덕과 종교의 한계를 넘는 새로운 가치를 제시하였다. 결국 조로아스터와 짜라투스트라는 동일체로 봐야 할 것이다.

시크교
- 15세기 후반 인도 편잡 지역에서 구루 나나크(Guru Nanak)에 의해 창시된 종교로서 전능하고 형이상학적이며 모든 존재의 근원인 유일신을 믿는다.
- 인류애(인간 평등)와 평화 및 공동체의 중요성을 강조하고 명상과 기도를 통해 신과 가까워질 수 있고, 윤회를 통해 구원된다고 가르친다. 그리고 다양한 문화와 전통과의 조화를 강조하는 종교이다.
- 시크교의 교리와 가르침의 실천 의지를 상징하는 표상들
  - 단도 : 신앙을 상징하는 무기이다.
  - 쇠팔찌 : 영원(신과의 관계)의 상징이다.
  - 나무빗 : 질서와 위생(몸과 마음을 정화)을 상징한다.
  - 자르지 않는 머리 : 모든 것을 신이 주신 그대로 받아들인다.
  - 터번 : 시크교도들의 정체성의 상징이다.
  - 속바지 : 정결함과 도덕적 삶, 절제를 상징한다.

힌두교

- 세계에서 가장 오래된 종교 중 하나로 10억 신도가 인도, 네팔, 방글라데시에 주로 분포해 있다. 디아스포라로 미국, 캐나다, 영국 등지에 많은 힌두교 커뮤니티가 형성되어 있다.
- 다양한 신화, 전통, 철학이 혼합되어 있다. 주로 인도 아리안족의 문화와 종교적 전통이 원주민들의 신념과 융합된 것으로 파악함. 수많은 신을 숭배하는 다신교인데 주요 신은 창조의 신 '브라흐마', 보호의 신 '비누스', 파괴의 신 '시바' 등이 있다. 코끼리 머리에 여러 개 팔을 가지고 있는 형상의 신은 '가네샤'인데, 지혜와 부의 신으로 문화와 예술의 수호자 역할도 한다.
- 교리(주요 개념)
  - 브라만 : 우주적 존재로 모든 것의 근원이며 절대적 진리.
  - 아트만 : 개인의 영혼으로 브라만과 본질적으로 일치한다고

여김.
- 카르마 : 현재의 행동이 미래의 복과 재앙을 초래한다는 행동 법칙.
- 윤회 : 죽음 이후에 영혼이 새로운 몸으로 다시 태어난다는 믿음.

'아테쉬가흐'를 나오면서 들른 기념품 가게에서 너무 예쁜 도자기들이 또 다른 감동을 주었다, 모두 핸드 메이드라고 하여 몇 점 사고픈 욕구가 일었으나 남은 일정 동안 신주단지 모시듯 애지중지 옮겨 다니며 고생할 걸 생각하니 엄두가 나지 않아 포기해야 했다. (임승여)

토막상식   **나고르노-카라바흐 전쟁**

1988년부터 1994년까지 아르메니아와 아제르바이잔 사이에서 벌어진 분쟁으로, 나고르노-카라바흐 지역의 지배권을 둘러싼 갈등이었다.

이 전쟁은 소련 붕괴 후 민족 간 충돌로 확대되었고, 1994년 러시아의 중재로 휴전이 이루어졌다. 이후에도 긴장 상태가 지속되었으며, 2020년에는 다시 대규모 전투가 발생하여 아제르바이잔이 영토를 회복했다.

* 분쟁 지역 위치 참조(연합뉴스 제공)

고부스탄의 선사시대 암각화

고부스탄으로 가는 길은 인적 없이 한산했고 풍경은 삭막했다. 전형적인 사막지대라서 나무도 민가도 별로 없이 황량했으며, 듬성듬성 키가 50cm도 안 되는 볼품없는 초목만 눈에 띄었다. 몽골이나 남미의 사막지대를 달리는 느낌이었다. 흔히들 사막이라고 하면 모래사막을 떠올리는데 자갈사막도 있고, 암석사막과 얼음사막도 있다. 식물이 잘 자라지 못하는 황막한 지역으로 연평균 강수량이 25cm 이하면 사막이라고 한다. 언뜻 실뭉치 같은 것이 바람에 굴러가는 게 눈에 띄었는데 혹시 회전초인가?

멀리 보이는 언덕이 고부스탄

회전초는 사막의 척박한 환경을 극복해 가며 살아가는 특이한 식물이다. 마치 실뭉치처럼 바람에 이리저리 굴러다녀서 붙인 이름이다. 수분이 부족하여 뿌리가 끊어진 탓인데 그렇다고 이 녀석이 죽은 것은 아니란다. 비가 오거나 물기 있는 곳에 다다르면 그 자리에서 뿌리를 내리고 생장 활동을 개시한다니 놀라운 처세술이 아닐 수 없다. 한 곳에 계속 뿌리박고 있으면 결국 바싹 말라 죽을 수밖에 없으니, 뿌리를 끊고 몸뚱어리를 바람에 의탁하여 더 나은 곳으로 이주하려는 전략은 스스로 움직이지 못하는 식물의 입장에서는 '신의 한 수'라고 해야 할 것이다. 자연의 섭리에 절로 감탄하게 된다. 이곳에도 비슷한 유형의 식물들이 있긴 할 것이다.

고부스탄은 바쿠 서남쪽 65km 지점에 있는 석유, 천연가스 등의 자원이 풍부한 사막기후의 사암沙巖 지대이다. 지명 자체가 돌을 뜻하는 고부[gobu]와 땅을 뜻하는 스탄[stan]이 합쳐진 말이라 한다. 몽고의 '고비 사막'의 '고비(gobi)'도 어원이 같은 것으로 보인다. 고부스탄은 그야말로 '바위 지대'이다.

기원전 12세기에 만들어진 것으로 추정되는 6,000여 개의 암각화와 함께 '진흙 화산'이 유명하다. 우리는 암각화만 둘러보고 일정상 진흙 화산은 가보지 못했다. "매장된 가스로 인해 뜨겁지 않은 진흙(mud, 15°C)이 울컥거리며 나온다"는 설명만 들었다. 이 글을 쓰면서 진흙 화산이 궁금하여 인터넷에서 찾아본 사진을 같이 올려본다.

사암과 진흙이란 두 단어가 모두 옛날에는 연안이거나 해저였음을 시사하는 말이다. 이곳이 카스피해의 일부였다가 해수면이 후퇴하면서 현재의 내륙지형이 형성된 것임을 알려주고 있다 할 것이다. 따라서 울산 반구대 암각화처럼 바다와 관련된 그림도 나오지 않을까 라는 기대를 갖게 하였다.

진입로 입구에서부터 집채만 한 바위가 널브러져 있는 광경이 펼쳐졌는데 지진의 영향으로 보인다. 버스에서 내려 안쪽으로 얼마 들어가지 않아서 'Qobustan'이라고 새겨놓은 표지석을 만날 수 있었다. 여기서부터가 유적지가 시작된다. 그런데 고부스탄의 첫 자를 G가 아닌 Q를 쓰는 걸로 봐서 이곳의 발음으로는 '고'가 아니라 '코'나 '꼬'와 유사하지 않을까, 라는 생각이 들었다. 이곳부터가 암각화 지역인데 바위 왼쪽 편으로 진입로가 나 있다.

어떤 그림이 우릴 맞을까, 호기심이 빵처럼 부풀어 오른다. 선사시대 암각화를 찾아 나섰는데, 우리를 제일 먼저 맞이한 것은 생뚱맞게도 암각화가 아니라 가로로 세워진 직육면체 묘지석 4기였다. 안

 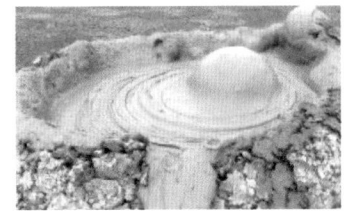

다양한 형태의 진흙 화산

내판은 귀족 묘지석이 2기이고 나머지는 성직자와 군인의 묘지석라고 밝히면서 시기를 16~17세기로 추정하고 있다. 그들이 그 시대의 상류층이란 건 알겠는데 왜 이곳에 자리하고 있는지는 아리송했다.

묘지석이 이 자리에 있다는 것은 누가 옮겨놨던지, 당사자들이 이 지역에서 살다 죽었던지 둘 중의 하나일 텐데…, 음~ 옮겨 놓을 만한 이유가 딱히 떠오르지 않는다.

만약 선사시대 이후 중세까지 사람들이 살았다고 한다면 중세기 유적·유물들도 있어야 할 것인데 눈을 닦고 봐도 흔적이 없다. 청동기 유물이 다수 발굴되었다 하나 청동기는 대개 기원전이다. 지진으로 인해 지하로 다 파묻혔다고 본다면 이 묘지석들이 건재한 것으로 볼 때, 지진이 일어난 이후에 만든 것이므로 16~17세기 이후에는 큰 지진이 없었다고 봐야 할 것이다.

이런저런 의문을 가지며 몇 걸음 더 옮겨본다. 이번에는 도로변에 카누 밑바닥이나 곡식을 까불리는 키처럼 생긴 흰색의 오목 넓적한 바위가 걸음을 멈추게 하였다. 가이드가 작은 돌로 바위를 두드려보라고 하는데, 통상적인 둔탁한 돌소리가 나는 게 아니라 울림통을 통해서 나오는 것처럼 들리는 금속성 청아한 소리가 사람을 매료시켰다. 돌에 금속 성분이 많이 포함된 탓인가 라는 생각이 얼핏 들었다. 암튼 석기시대에 이 바위가 마을 사람들에게 경보 또는 알림의 도구로 사용되거나 박자를 맞추는 타악기로 사용되기도 했을 것이다.

이곳에서 로마의 흔적도 발견되었다 한다. 로마황제 도미티아누스(DomitianUS) 재위(81~96) 당시 로마 군인들이 이곳을 통과하며 바위에 새긴 글과 그들이 지나간 다리가 발견되어 당시에 로마가 이 지역을 통치하였다는 사실이 알려졌다. 그런데 로마가 1453년 망했고, 위 묘지석 문양이 이슬람의 아라베스크 문양인 것으로 보아 묘지석의 주인공들은 로마 세력이 아닌 것만은 확실하다 하겠다.

고부스탄 국립 보호구에는 약 5천 년에서 2만 년 전(기원전 1만 년~기원전 1천 년 전으로 표기된 자료도 있음) 선사시대에 그려진 것으로 추정되는 약 6,000여 점의 암각화가 있다. 이들 암각화는 당시 사람들이 다산과 풍요를 기원하며 새긴 것으로, 수렵 및 채취를 하는 그림, 여러 명이 손을 잡고 춤추는 모습, 배를 타고 노를 젓고 있는 장면, 임신부, 창을 쥐고 있는 전사戰士, 소, 말, 돼지, 사슴 낙타 등과 같은 동물과 해와 별 등이 그려져 있다. 암각화는 번호를 부여하여 관리하고 있는데 번호가 없는 것은 원본을 베껴 그린 복제품이다.

맨 처음 만난 암각화가 여럿이 군무를 추는 모습의 암각화(67호)다. 처음 봤을 때는 그림이 너무 선명하여 감동이었는데 지금 보니까 안내판과는 인원수도 다르고 번호표식도 없으므로 복제품이란 것을 알겠다. 아무튼 남자들이 성기를 드러낸 채 싸이의 말춤을 추는 것처럼 보이는데 안내판의 내용을 번역해 보니 '고부스탄의 주요 상징 중 하나인 현대의 얄리춤을 연상시킨다'라고 표기하였다.

「청산별곡」의 후렴구 "얄리 얄리 얄라성 얄라리 얄라"가 연상되는 대목이다. 일설에 의하면 이 말은 몽골어에서 온 것으로 "이기자! 이기자! 이긴다! 이기리라 이겨"라는 의미라는데 징기스칸 후예와 돌궐이 이 지역으로 진출하여 따라 들어온 말이 아닐까라는 생각이 스친다. 구석기 시대 인류가 살던 동굴에 들어가 봤다. 이 동굴에서 구석기 시대 유물이 많이 출토되었다는 것은 그 시대 사람들이 정착하여 살았다는 증거인데 여기가 그렇다. 또한 많은 황소 그림과 함께 양, 사람과 보트의 이미지도 발견되었다. 석기시대에 목걸이 장식품이 나왔다는 점이 놀랍다.

석기시대 암각화를 보면서 동물들은 사실적으로 조형미있게 그린 반면 사람은 왜 왜곡되게 그렸을까 라는 의문이 들었다. 다리를 지

안내판 / (아래) 복제된 암각화

나치게 길게 그렸다던가 아니면 몸통보다 더 굵게 그린 이유가 무엇인지 궁금하였다. 또한 남성의 성기는 표출시켰으면서 여성의 가슴은 표현하지 않은 이유도 궁금하였다. ChatGTP에게 물어보니 특정 인물(지도자, 제사장, 전사 등)을 상징하거나 구분하기 위해 몸의 비율을 왜곡했을 것이라는 답변을 내놨다. 다리가 길거나 몸통이 굵은 모습은 강력하거나 특별한 역할을 가진 사람을 나타내기 위한 것일 수 있다는 것이다. 긴 다리는 힘 있는 남성을, 굵은 몸통은 풍요로움, 생명력, 혹은 신성한 존재를 암시한다는 답변도 내놨다. 실제로 몸통을 굵게 표현한 그림은 없지만 굵은 다리도 풍요로움과 생명력, 신성한 존재를 표현한 것이라면 여성 혹은 임신한 여성을 표현했을 수도 있겠다는 생각을 해본다.

암각화를 재현한 그림

암각화를 보고 내려오는 길에 컵보다 조금 크거나 두레박 크기(직경 20~30㎝, 깊이 약 50㎝)로 동그랗게 파인 암석을 볼 수 있었다. 자연적으로 생긴 것이 아니라 사람이 바위를 파고 갈아 만들어진 구멍이다. 이 구멍들은 빗물을 받아두거나, 제물로 희생된 동물의 피나 음식을 보관하는 구멍으로 쓰였을 것으로 추측한다. (임승여)

선사시대 부족민들의 곡물저장소를 추정되는 구덩이

세키 칸 궁전과 카라반 사라이

사막지대인 고부스탄을 떠나 북서쪽으로 2시간 30분 이상 달리는 동안 차창 풍경은 황막한 벌판에서 점차 산이 보이고 나무가 울창한 풍경으로 탈바꿈하였다. 이윽고 도착지에 다다라 버스에서 내려 언덕길을 올라가며 주위를 둘러보니 칸사라이 궁전은 산맥을 등지고 있고 지대가 높아 여름철에 충분히 시원할 요건을 갖추고 있었다. 궁전은 돌로 쌓은 성곽으로 둘러싸여 있는데 각진 돌이 아니라 강가의 돌처럼 모서리가 둥근 돌이란 게 특이했다. 성곽의 길이는 1.3km에 달한다고 한다.

바로 입장할 것으로 기대했으나, 관광객이 많은 탓인지 대기하는 줄이 너무 길었다. 가이드 라시마가 당황하여 동분서주했으나 헛수고였다. 왕궁 규모가 워낙 작다 보니 입장 인원을 제한하고 있어서 어쩔 수 없는 현상으로 보였다.

세키는 2,500년 전부터 사람이 살아온 유서 깊은 도시이다. 중세에는 실크로드 교역의 중심도시였고, 현재는 수도 바쿠에 이어 아제르바이잔 제2의 도시이다. 칸사라이 궁전은 1743년부터 1819년까지 존재했던 소국小國 '칸나테' 왕(칸)의 여름 별장이자 집무실로 사용하기 위해 건립한 여름 궁전이다. 1762년에 완공되었는데 건축 기간은 2년이지만 실내 디자인에 무려 8년 동안이나 공을 들였다 한다.

Khansarai palace를 여름궁전이라 칭하여 khan이 왕인 줄은 알고 있던 나는 처음에 sarai가 여름을 뜻하는 말인 줄 오해하였다. 이 글을 쓰면서 sarai가 페르시아에서 건너온 말로 궁전을 뜻한다는 걸 알게 되었다. 결국 칸사라이는 왕의 궁전이라는 말이다. 결국 '칸사라이 왕궁'이라 하면 '驛前앞'처럼 돼버리고 백두산을 백두산마운틴, 낙동강을 낙동강리버로 표현하는 것과 같은 이치라 할 것이므로 이런 오류를 무시하고 계속 이대로 써도 되는지 아리송하다.

원래 이 왕궁에는 겨울궁전도 있었고, 가족 주거지, 하인 주거지 등 40여 채의 건물이 있었다고 하나 지금은 겨울궁전만 남아 있다. 동·서양과 이슬람 등 여러 건축 양식이 혼합되어 독특한 매력을 지닌 것으로 평가받고 있으며, 2019년 7월 7일 유네스코 세계 문화유산으로 등재되었다.

여름궁전 앞의 필자

왕궁은 2층 직육면체 목조 건물로 아담한 규모지만 못을 일절 사용하지 않고 지었다고 한다. 왕궁의 전면부를 장식한 여러 색상의 세라믹으로 꾸민 무늬는 이슬람식이고, 창문의 스테인드글라스는 서구 스타일이며, 나무로 조각해서 끼운 복잡한 문살은 동양풍이다. 건물 내부는 다채로운 문양과 그림을 프레스코 기법으로 벽과 천정을 꾸몄으며, 바닥은 카펫으로 장식하였다. 여기에 스테인드글라스 창을 통해 들어오는 조명까지 더해지면 내부의 화려함은 형언하기 힘들 정도였을 게다.

실내로 입장하니 'No Photo'라고 굵게 적혀있다. 내부의 아름다움을 담지 못해 안타까웠다. 요샌 웬만한 박물관이나 미술관도 플래시만 안 터뜨리면 다 허용하는 추세인데, 굳이 사진을 못 찍게 할 이유가 뭔지 모르겠다. 사진이 없으니, 벽과 천정의 아름다운 모습들이 안 본 듯 기억이 나지 않는다. 그런데 맹수의 입에서 꽃이 피어나고 사슴과 늑대가 같이 뛰노는 그림은 특이한 모티프라 기억하고 있다. 선과 악은 뿌리가 하나라는 조로아스터 사상을 구현한 그림들이라는 이재혁 교수님의 설명을 들은 덕분에 기억에 남았을 것으로 생각된다. 그나저나 왕은 수시로 이 그림들을 보면서 어떤 상념들을 떠올렸을까?

사진의 위력을 새삼 느끼면서 답답한 마음에 혹 인터넷에 내부 사진 올려놓은 것이 없을까 하여 열심히 손품을 팔아 탐색한 덕에 내부 사진을 건져 올릴 수 있었다. 그 귀한 걸 공개해보도록 하겠다.

벽에는 빈 공간 하나 없이 빽빽하게 문양과 그림이 꽉 차 있다. 현란한 문양과 그림은 놀라울 정도로 아름다웠지만, 아름다움도 지나치면 질리는 법. 과유불급過猶不及이 떠오를 정도였다. 사람으로 치면 몸 전체를 문신한 느낌, 또는 무당이 머무는 신당 같은 느낌이 들 정도였다. 어느 한순간 즐기는 공간으로는 몰라도 사람이 정주하여 계속해서 살아가는 공간으로는 글쎄(?)라는 생각이 들었다. 나보고 살라, 하면 일주일은 몰라도 한 달 버티기는 무리일 것 같다는 느낌이다.

궁전 앞에는 어마어마하게 큰 두 그루의 플라타너스가 궁전을 수호하듯 서 있다. 좌측 나무는 둘레가 13.5m, 높이가 42m이고, 우측 나무는 둘레가 11.5m, 높이가 34m로 표기되었다. 두 나무 모두 1530년에 심었다 하니 왕궁보다 먼저 자리 잡은 터줏대감으로 왕국의 흥망성쇠를 빠짐없이 굽어보았을 것이다.

주차장으로 내려가는 길에 아주 오래된 교회를 만났다. 옛날 이곳에 '알바니아 왕국'이 있어서 알바니안 교회라고도 하고 최초의 동방교회 또는 키쉬 일반교회라고도 불리는 교회다. 그리스도의 70 제자 중 1명인 '엘리샤'가 이곳에 와서 교회를 세우고 포교를 했다고 전해지고 있어 순례자들이 지금도 찾아오고 있다고 한다.

이 교회는 시대 변천에 따라 용도가 달라졌는데 10세기 이후에 조

세키칸 궁전의 스테인드글라스, 이탈리아 베네치아공국의
무라도에서 제작한 것이라 한다.

지아 정교회였다가, 18세기에는 이슬람 사원으로, 19세기로 들어서면 기독교 교회로 바뀌었는데 그때마다 건물 모습도 변해왔을 것이다. 요즈음은 박물관으로 활용하는 듯했다.

카라반 사라이(Caravanserai) 관람

10여 분 걸어 내려오니 카라반 사라이를 만날 수 있었다. 그 10분 동안 볼거리가 많아서 눈길을 어디에다 둬야 할지, 사진 찍을 틈도 없이 빨리 지나쳐야 하는 것이 못내 아쉽기만 했다. 산속의 보석처럼 숨은 듯 보이는 민가들, 버스킹하는 거리의 노인 악사, 검투사까지…. 세상은 넓고, 볼 것은 무궁한데, 시간만 유한하니 아쉽기가 그지없다.

카라반 사라이는 페르시아어로 '카라반'(대상隊商) + '사라'(마당을 둘러싼 집이 있는 곳) + '이'(어미)가 합쳐진 말이다. 실크로드를 다니는 대상(낙타나 말에 짐을 싣고 떼를 지어 먼 곳으로 다니며 특산물을 교역하는 상인 집단)들의 안전한 숙소이자 물품거래와 정보교환 그리고 문화교류까지 이루어지던 곳이기도 했다. 세금을 거두는 장소로까지 활용했다고 한다.

카라반 사라이는 오아시스에도 산재해 있었다. 통상적으로 하루 평균 이동 거리인 30~40km 마다 자리하고 있었다. 입구 너비는 짐 실은 낙타가 수월하게 교차할 수 있도록 넓고 높게 하였고, 대문은 두꺼운 나무로 만든 여닫이를 달았다. 대문 양쪽에는 문고리를 한

개씩 달았는데 그걸 두들기면 남자용과 여자용 소리가 달라 안에서 남녀를 식별할 수 있도록 했으며, 대문 한 짝엔 쪽문을 내어 사람만 다닐 때 사용하였다.

이 큰 건물에 출입문은 이곳 하나가 유일하다. 그래서 이 문만 닫으면 외부와 차단이 되어 외부 침략을 방어하는 요새와 같은 역할을 했을 것인데 대상들이 값진 물건들을 다량 가지고 있기에 이걸 노린 도적들도 꽤나 있었나 보다.

카라반 사라이의 구조는 가운데 정원을 만들고 주변을 요새를 만들 듯 2층 건물로 둘러싼 직사각형 구조물이다. 사실 이 건물은 3층 건축물이다. 정문 쪽에서 바라보거나 정문으로 들어가면 분명 2층 건물이지만 건물의 왼쪽에서 보면 3층 건물이다. 지대가 왼쪽이 낮아서 그쪽이 1층이 되기도 하고 정문으로 들어가면 지하가 되기도 한다.

그 지하층은 주로 낙타와 말이 먹고 쉬는 공간과 물건을 포장하고 인부들의 숙소로 사용되는 공간이 있었는데 이들 공간이 현재는 기념품 가게로 사용되고 있다. 1층도 지하층과 유사하게 사용되었지만 추가적으로 물품거래와 정보와 문화교류가 이루어지는 공간이기도 했다. 그리고 2층은 200개가 넘는 방이 있어 대상 및 하인들의 숙소로 활용했다. 또한 카라반 사라이는 부대 시설로 목욕탕과 바자르(전통시장) 등도 갖추고 있었다고 한다.

카라반 사라이는 현재 1층에 레스토랑이 영업 중이고 2층은 카라

카라반 사라이 대문과 실내 전실

반 사라이를 체험하고 싶은 관광객들에게 숙소로 제공하는 호텔로 운영되고 있다.

 카라반 사라이 정문 앞에 삼단 계단이 있는 게 보이는데 당시에도 있었던 것인지 이후에 보수하면서 만든 것인지는 모르겠으나 당시에도 계단이 있었다고 한다면, 그 당시엔 바퀴 달린 리어카나 수레, 마차 같은 운반 수단을 거의 사용하지 않은 것으로 보인다. 수레는 도로가 완비되어야 효용을 발휘하는데 그 당시는 도로가 닦여있는 곳이 거의 없었을 테니까 대상들이 수레를 사용하는 일도 거의 없었을 것이다.

 카라반 사라이 주변에는 관광객을 상대로 한 기념품 가게들이 즐비하였다. 옛날에도 마찬가지 아니었을까? 카라반 사라이가 들어서면 대상들뿐만 아니라 이런저런 일반 사람들도 모이게 되고 자연히 상권이 형성되어 핫한 지역이 되었을 테니까 말이다. 지금 이곳에는 기념품 가게는 물론 호텔, 레스토랑, 카페 등 구색을 갖춰 들어서 있었다.

 특히 실크로드 거점도시답게 가게마다 실크 스카프를 많이 팔고 있었는데 가격이 한국보다 많이 저렴한가 보다. 그러니 한국 할매들이 이런 가성비를 보고 그냥 지나칠 리가 없지. 가게마다 스카프가 동이 날 때쯤 동작이 굼뜬 아내가 뒤늦게 발동이 걸렸는데 그때는 이미 파장 무렵이었으므로 어쩔 수 없이 "예쁜 거는 다 빠졌다ㅜㅜ"하

며 궁시렁거린다. 남은 물건들 중에 고르고 골라 몇 점을 건지긴 했으나 성에 차진 않은 것 같았다.

현지 식당(VIP KARVAN RESTORAN)에서 현지식으로 근사한 만찬을 즐겼다. 식사 자리에서 모두가 공감하며 나눈 대화 한 토막을 소개한다.

예나 지금이나 물류가 중요하긴 마찬가지이다. 옛날 상인들이 사막 모래바람을 마시며 모험에 가까운 위험을 무릅쓰고 물건을 날랐다. 지금은 어떤가? 클릭 몇 번으로 주문하면 총알 배송, 새벽 배송 등으로 몇 시간 뒤면 상품을 받아 볼 수 있는 시대가 되었고, 곧 드론과 로봇이 배달하는 시대로 바뀔 거라고 하니 그야말로 격세지감이 아닐 수 없다. (임승여)

종교에서 수공예까지, 바쿠 만화경

 2024년 9월 21일, 타슈켄트에서 아제르바이잔의 수도 바쿠로 향한다. 역사와 예술 등 유라시아교육원을 운영하고 유라시아 인문학을 강의하시는 이재혁 교수님을 중심으로 20명이 함께하는 유라시아교육원 회원들이 아제르바이잔의 수도 바쿠에 도착했다. 공항에서 무인 비자 발급기를 통해 각자 비자를 발급했다. 새로운 경험으로 다들 약간의 스트레스와 호기심과 뭔가 내 손으로 해냈다는 뿌듯함으로 공항을 빠져나왔다. 그곳에는 자그마한 키로 당차고 야무진, 직업이 기자라는 젊은 조지아 여자 가이드가 우리를 맞는다. 찬찬하고 야무져 보이는 그녀의 안내가 기대된다.

 바쿠에서 첫 번째 방문지는 조로아스트교의 3대 성전인 아테시카 사원이다. 그곳으로 가는 길 곳곳에 유전이 보인다. 미국에서 유전이 터지기 이전인 1898~1901년 사이에 카스피해의 바쿠 유전이 먼저였다고 한다. 미국보다 더 많은 석유를 생산했으며, 심지어 한때는 세계 석유생산량의 절반 이상을 차지했다고 한다.
 러시아제국은 1820년대에 이 지역을 손에 넣고 쏟아지는 '검은 황금'에 만족해했다고 한다. 또한 두 차례의 세계대전에서는 독일과 그 동맹국들이 이 기름밭을 노렸다고 한다. 현재 이 유전은 아제르바이잔의 소유로 이 나라 경제에 큰 역할을 하고 있다고 한다.
 성스러운 불의 사원! 아테시카 사원에 들어섰다. 새로 구축된 긴 회랑의 돌로 만든 기념품을 파는 건물도 어쩐지 정갈해 보인다. 조로아스트교의 3대 성지 아테시카 사원! 조로아스터교는 마즈다교 또는 배화교라고도 일컬어지는 종교로 페르시아 지역에서 발원한 이란 계통의 종교이다. 자라투스트라의 가르침을 따르는 단일신교이며 창조신 아후라 마즈다를 중심으로 선과 악의 질서 및 세계를 구분하는 것이 특징이라고 한다. 아제르바이잔은 이슬람 국가지만 수도 바쿠에는 꺼지지 않는 불기둥 '조로아스터교 3대 성지'가 있는 곳이기도 하다.

사원 중앙에서는 아직도 꺼지지 않는 불이 타오르고 있었다. 사원

불의 사원(Ateshgah) 야경

의 역사를 엿볼 수 있는 장소는 다양한 시대의 순례자와 여행객들이 묵었던 객사와 사원의 방들에서 느낄 수 있었다. 불이 꺼지지 않는 이 사원에서는 불을 숭배하는 신자들의 순례가 지금도 계속되고 있었다. 30도를 넘는 기온 속에서도 뭔가 나를 정화시키는 기운이 느껴지고 살랑이는 바람은 내 속의 찌꺼기들을 걸러내어 데리고 가는 듯하다.

다음은 바쿠의 문화센터인 하이다르 알리예프가 보이는 공원에서 사진을 찍고 감상했다. 건물도 특이하고 예뻤지만 탁 트인 공원의 잔디밭이 참 시원하고 더 좋았다.

7세기는 아랍, 11세기는 셀주크튀르크, 13세기부터 약 400년간은 오스만튀르크, 19세기는 구소련 등 다양한 나라의 지배를 받았고, 지진 등의 자연재해도 빈번했던 슬픈 나라였지만 수많은 대상이 지나다니는 길목이었고, 석유가 났으며, 카스피해의 풍부한 해산물로 인해 다양한 문화를 활짝 피운 곳이기도 하다. 구시가지이자 유네스코 문화유산인 니자미 거리와 라술라드 거리, 올드타운 이체리쉐헤르를 방문했다. 같은 방을 사용하고 아름다운 생각과 정다운 음성을 지닌 짝지님과 올드타운을 슬슬 걸어 본다.

젊은이들이 참 많았고 활기찼다. 사람들의 표정이 밝고 활기차고 아름답다. 문인들의 책도서관이 이채롭다. 아제르바이젠 건축의 진주인 '쉬르반샤궁'을 탐방한다. 올라가는 길에 본 화가의 집도 이색적이다. 고양이가 참 많았다. 지진으로 인해 15세기 바쿠로 수도를 옮기면서 건축된 궁전은 위층은 왕족, 아래층은 하인의 생활공간으로 나뉘어 있고 목욕탕, 모스크 등을 갖췄다. 콧수염 형태를 잡는 틀,

목욕탕용 신발 등으로 왕족의 생활상을 엿볼 수 있었지만, 왕궁의 내부를 장식했던 화려하고 아름답던 건축물이나 장식물 등은 구 러시아의 침공으로 다 없어지고 사진으로만 남아 있어 안타까웠다.

해가 진다. 바쿠의 가장 아름다운 공원인 불바르 공원을 찾았다. 카스피해를 접한 곳이지만 바다 냄새는 별로 나지 않았다. 갈매기가 많았다. 카스피해는 바다가 아닌 염해 호수이다. 버스킹을 하는 사람들과 밝은 얼굴의 젊은이들이 참 많았다. 평화롭고 한갓지다는 느낌을 받는다.

마지막 농촌 서정 시인이라 일컬어지는 세르게이 예세닌의 동상도 있었다. 그의 시 '잘 있게나, 바쿠'를 떠올리며 시인의 동상을 본다. 바쿠를 쓰다듬는 금발의 미인이 떠오른다. 그녀의 아름답고 쓸쓸한 미소를 상상해 본다. 다음 방문지는 1990년 및 1992~94년에 희생된 순교자를 기억하는 순교자 공원이었다. 어느 나라나 아픈 역사는 존재하고 오늘이 있기까지 희생자들이 있는 것이 역사이리라. 이 나라 역시 오늘의 풍요로운 환경과 자유가 주어지기까지는 많은 아픔이 있었다. 그곳에서 우리나라를 생각한다. 슬픈 한반도를 떠올리며 지구 곳곳 제발 전쟁이 없기를 소망해 본다.

고부스탄의 암각화

22일, 고부스탄 암각화를 만나러 갔다. 아제르바이잔의 기원은 바쿠에서 60여㎞ 떨어진 고부스탄 암각화 유적지에서 만날 수 있다.

이곳에 살고 있는 사람들은 이곳을 인류 문명의 발상지로 여긴다고. 드넓은 반사막지대 언덕배기에 자리 잡은 바위산에 4만 년 전부터 기록된 6000여 점의 암각화가 고대인들의 생활상과 문화를 보여준다. 다양한 동물들과 자연현상, 사냥을 하거나 축제를 여는 사람들 등이 바위마다 빼곡히 그려져 있다. 숨은그림찾기를 하듯 그림을 찾아보는 재미가 쏠쏠했다.

특이했던 암각화는 임산부와 소는 크게 새겼지만, 낙타나 말은 훨씬 작게 새겨 그 중요도가 달랐다는 점을 크기로 표현한 것이다. 춤을 추는 암각화 앞에서 잠시 그들과 같이 춤을 추어 본다. 광야같이 넓은 한때 카스피해 물이었을 곳으로 추정되는 그곳을 바라보며 한껏 팔을 벌려 그들과 교감도 해본다. 사람들의 삶이란 환경과 지역, 시대만 달랐을 뿐 거의 같다는 것이 나의 생각이다.

고부스탄을 지나 점심을 먹은 곳은 와인 레스토랑이었다. 일행이 맛으로 반한 것은 재미있게도 오이지였다. 어머니의 손맛이 느껴진다고 참 맛있게 드신다. 점심 후 짧은 시간에 바로 옆에 있는 작은 마트에 들렀다. 면으로 만든 모자가 참 싸고 예뻐서 구입했다. 일행이 산 샌들도 가성비가 좋고 아름답다. 혹시 이 글을 읽고 그곳으로 여행을 하시면 꼭 참고하시길!

한참을 달려 셰키 왕국의 여름궁전이었던 칸 사라이 궁전으로 갔다. 입구에서 30분 간격으로 10명씩만 입장시켰다. 다양하고 많은 여행객들로 인해 제법 많이 기다렸다. 이 여름궁전 정원에는 800년

된 느티나무가 역사를 가로지르며 궁전을 내려다보고 있다. 이 여름 궁전의 겉모습은 특별한 것이 없어 보인다. 하지만 내부로 들어가면 그 진면목을 알 수 있다. 창문마다 장식된 화려하고 섬세한 스테인드글라스가 눈길을 확 잡아당긴다.

또한 2층짜리 목조 건물은 못 등을 쓰지 않고 모든 재료를 하나하나 짜 맞춘 것이라고 하니 놀랍다. 구조 하나하나가 다 신경을 많이 썼으며, 프레스코화 한 장면 한 장면의 의미가 남다르다. 건물 보존을 위해 내부 촬영은 금지돼 있었다. 기다림이 아깝지 않은 내부 모습이었다.

셰키의 카라반 사라이

아제르바이잔은 실크로드가 지나는 나라다. 셰키에는 실크로드 대상(카라반)들이 쉬어가던 '카라반 사라이'가 있다. 카라반 사라이는 정보와 물물 교환의 장이자 지역경제를 지탱하는 곳이었다. 제법 규모가 있었다. 정원을 둘러싸고 지어진 쉼터는 지금도 여행객들을 맞는다.

이번 여행에서 캐시미어가 유명하다는 말에 가성비 우수한 머플러를 5장이나 구입했는데 이곳에서 4장을 샀다. 한국에 돌아가면 또 누구에게 이 머플러가 갈 것인가를 고민해야 한다. 여행의 후유증이다.

2024년 9월 23일 아침 아제르바이잔의 셰키를 떠나며 전통시장인 바자르 전통시장을 차창으로 보았다. 아제르바이잔에 있는 시장이지만 조지아 사람들이 80% 이상이라는 조지아 출신 가이드의 말에 코카서스 남쪽 지방의 나라들이 얼마나 많이 섞여서 살아가는지 알 수 있었다. 아제르바이잔의 발라칸 지역과 조지아의 라고데키 지역에 걸쳐 있는 국경을 짐가방을 끌고 뜨거운 햇빛 아래 1km 이상을 걸었다. 길이 정비되어 있지 않아 조금 힘들었다. **(최명아)**

대담

불의 도시, 바쿠로 놀러 오세요!

●
현지 가이드와 나눈
7문 7답

초대 손님　라시마(Rashima)
대담자　　박하(시인)

여는 말

 지난 9월, 우리는 유라시아교육원이 주최한 코카서스 3국 여행을 떠났습니다. 11일간의 여정에서, 세 나라의 독특한 풍경과 문화를 마주하며 우리의 시야는 넓어졌습니다. 그 여행길에서 우리를 안내해 준 현지 가이드 중 한 분인 라시마 씨를 초대해 이야기를 나누었습니다. 한국어로 펼쳐진 그녀의 이야기에는 바쿠의 바람처럼 시원하고, 불꽃처럼 따뜻한 매력이 담겨 있었습니다.

1. 한국과의 특별한 인연

박하 라시마 씨, 초대에 응해주셔서 감사합니다. 아제르바이잔의 숨은 매력을 유창한 한국어로 소개해 주신 덕분에 모두가 팬이 되었어요. 자기소개와 함께, 한국과의 특별한 인연에 대해 듣고 싶습니다.

라시마 안녕하세요, 라시마입니다. 저는 조지아 출신으로 지금은 아제르바이잔에서 살고 있습니다. 본업은 저널리스트지만, 관광객들에게 우리의 이야기를 전하며 이 지역의 매력을 소개하는 데 큰 기쁨을 느끼고 있어요. 한국과의 인연은 2016년부터 시작되었습니다. 그때부터 코카서스에서 한국어 가이드로 일하며 많은 한국인과 인연을 맺었죠. 최근엔 유튜브도 시작했어요. Rasima Caucasus에서 코카서스의 아름다움을 담은 영상들을 볼 수 있습니다.

2. 아제르바이잔이 이슬람 국가 같지 않은 이유

박하 아제르바이잔은 이슬람권 국가인데도 여성이 차도르를 쓰지 않는 등 다른 이슬람 국가들과는 분위기가 다릅니다. 이유가 있을까요?

라시마 아제르바이잔은 흔히 '유럽 같은 나라'라고 불립니다. 모든 종교가 자유롭게 공존하는 나라지요. 원하는 대로 살 수 있는 분위기 덕분에 더 자유롭고 여유롭게 느껴질 거예요. 이슬람은 주요 종교 중 하나지만, 아제르바이잔은 특정 종교에 얽매이지 않습니다. 이 점이 바로 아제르바이잔의 특별함이죠.

3. 불의 도시, 바쿠
박하 바쿠에는 '불의 도시'라는 별명이 있습니다. 불꽃타워, 조로아스터교의 불의 사원 등과 자연스레 연결되는데요, 아제르바이잔 국민들의 종교적 특징은 무엇인가요?

라시마 맞아요, 바쿠는 '바람의 도시'이자 '불의 도시'입니다. 과거 조로아스터교의 중심지였기에 불은 우리 역사에서 중요한 상징입니다. 지금은 이슬람이 주된 종교지만, 종교의 자유가 보장되는 나라입니다. 바쿠의 불꽃타워는 2012년에 세워졌고, 도시의 현대적 랜드마크로 자리 잡았습니다. 꼭 한번 올라가 보세요. 카스피해와 도시의 아름다운 풍경이 한눈에 들어올 겁니다.

4. 세키의 카라반 사라이와 궁전 이야기
박하 세키의 카라반 사라이와 궁전은 정말 인상적이었습니다.

다른 곳에도 카라반 사라이가 남아 있나요?

라시마   세키는 2500년 역사를 가진 도시입니다. 실크로드가 지나가던 시절, 세키는 주요 거점이었어요. 현재 아제르바이잔에는 약 10개의 카라반 사라이가 남아 있고, 세키의 카라반 사라이는 그중 가장 큽니다. 지금도 여행객의 숙소로 활용되고 있지요. 마치 시간여행을 떠나는 기분이 들 겁니다.

5. 카스피해의 자원 이야기

박하   카스피해에는 석유와 천연가스가 풍부하다고 들었습니다. 현재 이 자원은 누가 개발하고 있나요?

라시마   카스피해의 자원은 19세기 아제르바이잔 사람들이 처음 발견했어요. 이후 노벨 형제가 이 사업을 본격적으로 시작했죠. 현재는 아제르바이잔이 자체적으로 개발을 주도하고 있습니다. 가스는 앞으로 100년, 석유는 50년 동안 안정적으로 생산될 전망입니다.

6. 라시마의 추천 관광지

박하 라시마 씨가 관광객들에게 추천하고 싶은 세 가지를 꼽는다면요?

라시마 바쿠의 올드시티를 꼭 방문하세요. 시르반샤흐 궁전, 카라반 사라이, 여성의 성 등 역사적인 건축물을 만날 수 있습니다. 그리고 하이다르 알리예브 문화센터는 현대 아제르바이잔의 아이콘이죠. 마지막으로 카스피해의 일몰을 감상하며 이 도시의 낭만을 느껴 보세요.

7. 아르메니아와의 관계

박하　아제르바이잔과 아르메니아는 갈등을 겪기도 했습니다. 지금은 관계가 개선되었나요?

라시마　아제르바이잔과 아르메니아의 갈등은 종교적 문제가 아니라 영토 분쟁 때문이었습니다. 우리는 이웃 나라와 평화롭게 지내고 싶어요. 서로 존중하며 과거의 아픔을 넘어설 수 있기를 바랍니다.

닫는 말

박하　마지막으로, 라시마 씨의 꿈을 들려주세요.

라시마　저는 모든 이웃 나라가 서로를 존중하며 평화롭게 공존하기를 바랍니다. 코카서스 지역은 너무나 아름다운 곳입니다. 이곳의 역사와 문화를 더 많은 사람들이 알게 되기를 꿈꾸고 있습니다.

박하　라시마 씨, 오늘 이야기 정말 감사합니다. 여러분, 불의 도시 바쿠로 떠나보세요!

2부

조지아 편

'백만 송이 장미'의 주인공인 화가 니코 피로스마니(Niko Pirosmani 1862~1918) 그림 속의 와인 항아리(Qvevri)

와인 없는 집은 영혼이 없는 몸과 같다.

- 조지아 속담

근현대사 10대 사건

1918년	조지아 민주공화국 수립: 러시아 혁명 후 독립을 선언하다.
1921년	소비에트 연방 합병: 붉은 군대의 침공으로 소비에트 연방에 합병됨
1991년	조지아 독립 선언: 소비에트 연방 붕괴 후 독립을 선언함
1991~92년	남오세티야 전쟁: 남오세티야 자치 지역에서 민족적 충돌이 발생함
1992~93년	아브하즈 전쟁: 아브하즈 분리주의자들과의 전쟁이 발생함
2003년	장미 혁명: 부패한 정부를 무너뜨리고 민주적 개혁을 촉진한 평화 혁명
2008년	러시아-조지아 전쟁: 남오세티야와 아브하즈 문제 원인
2014년	유럽 연합(EU)과의 협정 체결
2017년	헌법 개정: 대통령제에서 의원내각제로의 전환
2020년	대선 및 정치적 변화: 대통령 선거를 통해 새로운 정치적 변화

남오세티아 전쟁

　조지아와 분리주의 지역 남오세티아, 그리고 이를 지원한 러시아 간의 갈등으로 발생한 무력 충돌을 의미합니다. 이 전쟁은 여러 차례에 걸쳐 발생했으며, 주요 전쟁은 1991년~1992년, 2004년, 그리고 2008년의 러시아-조지아 전쟁입니다. 주요 배경으로, 남오세티아는 소련 시대에 조지아 내 자치주였으나, 소련 해체 후 독립을 추구하며 조지아 정부와 갈등이 심화되었습니다. 남오세티아 주민들은 러시아와의 긴밀한 관계를 선호하며, 조지아에서 독립하려는 움직임을 보였습니다. 소련 해체 직후, 조지아와 남오세티아 간에 첫 번째 충돌이 발생했습니다. 이는 분리주의자들의 독립 선언과 조지아 정부의 통합 시도로 촉발되었습니다. 1992년 러시아가 중재한 평화협정 이후 불안정한 휴전 상태가 지속되었습니다. - 구글 검색

조지아와 실크로드

조지아는 실크로드 상의 주요 지리적 위치에 있어, 동서양 문명과 상업의 교차점이었다. 동서 무역로를 통해 비단, 향신료, 금속 등 중요한 상품이 오가던 길목에 위치하여 동양과 서양으로부터 다양한 문화적, 건축적 영향을 받았다. 특히 그리스, 페르시아, 아랍, 몽골, 오스만 등의 다양한 건축적 요소가 혼합되었다는 점이다. 조지아 건축에서 비잔틴과 페르시아 양식의 흔적이 나타나며, 실크로드를 통한 문화 교류는 조지아의 교회 건축과 요새 건축에 큰 영향을 미쳤다.

게르게티 성삼위일체 교회

카즈베기산에 자리한 이 수도원은 14세기 조지아 정교회의 상징적인 건축물이다. 조지아 관광을 홍보하는 대표적인 이미지이기도 하다. 만년설을 배경으로 우뚝 솟은 두 개의 뾰족탑 건물은 기독교 신자가 아니라도 저절로 성스러운 감정이 우러난다.

해발 2,170미터 고지에 세워진 이 수도원은 고딕 양식과 조지아 전통 건축양식을 결합한 독특한 모습이다. 이 교회는 자연경관과 어우러진 위치로 유명하며, 수도원 자체는 단순한 구조 속에 섬세한 돌 조각과 세련된 기하학적 디자인이 돋보인다.

우리 일행은 4명씩 조를 짜서 지프차에 옮겨타고 수도원을 향했다. 운전기사는 일흔 살은 족히 됨직하다. '호호 영감님이 이런 고난도 산길을 운전해도 될까?' 살짝 걱정도 했지만, 이내 안심했다. 운전 솜씨가 아주 노련했기 때문이다.

단숨에 해발 2,170m까지 올라가려니 귀가 먹먹해진다. 수도원 아래 경사진 주차장에 내렸더니, 숨이 가빠진다. 대시 고갯길을 허위허위 올라가는데, 올라가는 사람, 내려오는 사람이 끝없이 이어지고 있다.

수도원 건물은 2동인데, 입구부터 컴컴했다. 석재를 반듯하게 가공하여 벽돌 쌓듯 층층이 쌓아 올렸는데, 벽두께는 언뜻 봐도 30cm, 건물 높이도 10층쯤 되겠다.

무려 600여 년 전, 이곳 카즈베기산 꼭대기에 수도원을 건설했던 당시를 상상해 본다. 이 곳 수도원을 짓기 위해 석수장이는 어디서 왔을까? 석재는 어느 산에서 캐내었고, 또 어떻게 가공했을까? 가공한 석재는 어떻게 이곳까지 옮겼을까? 석재 한 장의 무게가 자그마치 40kg도 넘을 텐데 운반용 수레는 말이 끌었을까? 의문 사항들이 꼬리에 꼬리를 물고 이어진다.

스베티츠호벨리 대성당

유네스코 세계유산에 등재된 스베티츠호벨리 대성당은 조지아의 대표적인 정교회 성당으로, 11세기 초에 건축되었다. 이 성당은 고대 조지아 건축의 정수로, 비잔틴 양식과 독자적인 조지아식 석재 조각을 특징으로 한다. 성당 내부에는 조지아 왕국 치세 동안의 다양한 역사적 그림과 성화가 남아있으며, 기독교 전파 초기의 조지아 정교회 전통을 엿볼 수 있는 곳이다. (위키백과)

어느 건설 엔지니어의 의문

– 베르톨트 베르히트 詩, 「어느 책읽는 노동자의 의문」 풍으로

◆ 박하

산꼭대기 요새 같은 즈바리(Jvari) 수도원을 누가 지었는가?
게르게티(Gergeti) 성삼위일체 성당은 또, 누가 지었는가?
성소에는 십자가나 성인의 이름들만 붙어 있네.

수도사들이 손수 바위를 자르고 깎고 옮겼을까?
또 한 층 한 층 한치 빈틈없이 쌓아 올렸을까?
가르니 신전, 저 깊은 바위 속 동굴은 누가 파냈을까?
절절한 신앙심으로, 우공愚公이 산을 옮기듯
일평생 바위 속을 쪼아냈을까?

석공들은 얼마큼 대우받고 또 노임은 제때 제대로 받았을까?
산꼭대기마다 수도원들, 성당과 교회들,
성전의 돔이 완성된 그날,
석공들의 손목은 과연 온전했을까?
흉흉했던 소문들은 어디까지 진실일까?

지옥 불에도 타지 않을 듯한 바위산 같은 신전들,
그토록 아름답고 정교한 성화聖畵들,
예수와 성모 마리아, 열두 사도의 벽화를 그린 이는 누구였던가?
그들의 이름은 대체 어디에 남았는가?

오매불망, 꿈에라도 보고 싶다고,
천국 가는 길을 인도해 달라고 조르는 줄線인가? 아닌가?
외딴 산꼭대기까지 이어진 저 장사진은 왜 지금도 끊이지 않는가?

그 많은 성소의 역사,
그 성소들보다 더 많은 의문, 의문들.

게르게티 수도원 전경

이런 설명만으로는 선뜻 상상이 안 된다. 현장에 가보고서야 깜짝 놀랐다. 얼마나 대단한 규모인지, 또 실내 공간 역시 얼마나 층고가 높은지도 알 수 있다. 우리가 자랑하는 불국사도 해인사도 단위 건물의 규모 측면에서는 애당초 비교 불가다.

'건물의 규모는 권력의 크기에 비례한다!'라는 말이 있다. 그 건물이 왕궁이라면 당대 왕의 권력 규모를, 종교 건물이라면 당대 종교 세력의 규모를 나타내기 마련이다.

조지아의 스베티츠호벨리 대성당은 유네스코 세계문화유산에 등재된 역사적 건축물로, 조지아 정교회의 주요 성지 중 하나이다. 스베티츠호벨리 대성당의 면적과 주요 특징을 살펴보자.

우선 면적은, 스베티츠호벨리 대성당의 전체 면적은 약 2,500㎡로 추정된다. 이는 성당 본체와 주변 구역을 포함한 면적이다.

다음으로 주요 특징을 5가지로 소개한다.

첫째, 십자형 돔 구조이다. 조지아 전통 건축 양식 중 하나인 십자형 돔 구조로 되어있어, 건물 중앙에 큰 돔이 있고 그 아래로 네 개의 팔을 뻗는 형태이다. 이 구조는 내부 공간의 넓은 개방감을 제공하며 빛을 효과적으로 받아들인다.

둘째, 중세 조각 장식이 아름답다. 외벽에 중세 시대의 섬세한 조각들이 새겨져 있으며, 특히 성경 이야기를 담은 조각과 조지아의 전통 문양이 눈에 띈다. 이 장식들은 종교적 상징성과 예술적 아름다움을 동시에 지니고 있다.

셋째, 복합 건축 양식이다. 스베티츠호벨리는 조지아의 초기 기독교 건축 양식에 비잔틴의 영향을 결합한 독특한 양식을 가지고 있다. 이에 따라 로마네스크와 고대 조지아 건축의 융합을 보여주는 독특한 사례로 평가된다.

넷째, 신성한 유물 보관을 자랑한다. 대성당에는 예수가 십자가에

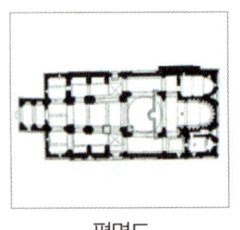
평면도

측면도

전면 정면도

대성당 단면도(위키백과)

못 박힐 때 입었던 옷이 보관된 것으로 전해지는 신성한 전설이 있어, 수많은 순례자가 방문한다. 이에 따라 스베티츠호벨리는 조지아인들에게 성스러운 장소로 여겨진다.

다섯째, 정교한 프레스코화를 볼 수 있다. 내부 벽에는 중세 시대의 프레스코화가 잘 보존되어 있어, 성경의 여러 장면과 성인의 초상화가 그려져 있다. 프레스코화는 조지아 정교회의 역사와 종교적 의미를 시각적으로 표현하는 중요한 요소이다.

이처럼 스베티츠호벨리 대성당은 건축적, 종교적, 예술적 요소가 결합된 건물로, 조지아의 문화유산을 대표하는 상징적인 장소이다. 한편으로는 엉뚱한 생각이 들기도 한다.

조지아 땅에는 근대까지도 종교적 권세가 대중 위에 확실히 군림

수도 트빌리시 전경

했던 것을 알 수 있다. 만약 20세기 초반, 러시아혁명으로 종교 권력이 탄압받지 않았다면, 그 권세는 지금까지도 유지되지 않았을까, 하는 생각이 들기도 했다. 공교롭게도(?) 독재자 스탈린은 조지아 출신이라는 점이다.

수도 트빌리시, 전통 위와 꽃 핀 도시

평화의 다리는 트빌리시 시내를 가로지르는 쿠라 강 위에 가설되어 있다. 2010년에 완공된 현대적 유리와 철제로 된 곡선형 다리이다. 이탈리아 건축가 미켈레 데 루키(Michele De Lucchi)의 작품이다. LED 조명으로 밤에는 다양한 빛을 발산하며, 도시의 중심부에서 현대적 감각을 더해주는데, 특히 이 도시를 찾은 이방인들에게 랜드마크 역할도 톡톡히 하고 있다.

다음으로 눈에 띄는 건물은 트빌리시 공공 서비스 홀이다. 이 건물 역시 미켈레 데 루키가 설계했다. 건물은 거대한 곡선형 '꽃잎'이 펼쳐진 듯한 지붕이 특징이며, 조지아 정부의 공공 서비스 기관들이 입주해 있다. 혁신적인 디자인과 기능적 공간이 조화를 이루는 이 건물은 트빌리시의 현대적 건축을 대표하는 사례이다.

만약 이 두 구조물이 없었다면 이 도시의 인상이 어떨까? 고리타분한 중세시대 도시일 것만 같다. 마치 밋밋한 실내에 포인트 벽지를 바라는 효과처럼 현대적 두 건물 덕분에 고풍스러움과 현대적 건물이 절묘한 조화를 이룬 느낌이다. (박하)

> 가상 대담

시인과 독재자 사이, 스탈린을 소환하다

초대 손님 스탈린(영혼)
대담자 박하(시인)

취지

 코카서스 3국 여행 중 조지아 고리(Gori)의 스탈린 박물관을 방문했다. 솔직히 말하자면, 여러모로 충격적이었다. 첫째, 그의 고향에 이렇게 잘 꾸며진 박물관이 있다는 사실 자체가 충격이었다. 둘째, 청년 시절 스탈린이 꽤 유명한 시인이었다니, 이건 정말 상상조차 못 했다. 마지막으로, 공산혁명 성공 후 집권 초기에 벌였던 경제개발 5개년 사업은 지금 봐도 엄청난 도박 같았다.

 박물관을 돌며 든 생각을 한마디로 정리하면, '공칠과삼功七過三'

이었다. 중국의 마오쩌둥 毛澤東(1893~1976)에 대한 평가와 흡사하달까. 하지만 단순한 감상 나열로 끝내기엔 뭔가 부족했다. 그래서 색다른 시도를 해보기로 했다.

스탈린의 영혼을 소환해 직접 그의 입을 통해 듣는 방식이다. 유머와 진지함을 적절히 섞어, 역사와 인간 스탈린을 재조명하는 10문 10답을 준비했다. - 필자 주

스탈린박물관 해설

박하 굿모닝! 미스터 스탈린! 요즘 저승에서 어떻게 지내십니까? 인터뷰에 응해주셔서 감사드립니다. 괜히 긴장하지 마시고, 동지와 차 한 잔 마신다는 기분으로 편하게 말씀해주세요.

스탈린 (웃음) 하늘나라에서도 인터뷰라니, 내가 그리운 모양이군요. 차라리 차나 한잔 마실까요?

문 #1. 당신은 청년 시절에 꽤 유명한 시인이었다고 들었습니다. 시인 스탈린은 어떤 사람이었습니까? 대표작도 소개해 주세요.

스탈린 아, 옛날이여~! 그때는 세상을 시로 바꿀 수 있다고 믿었죠. 제 시는 뜨겁고 강렬했어요. 대표작 하나 알려드릴까요? "오 위대한 독재자여, 그대의 수염은 칼날보다 날카로워". 어때요, 멋지지 않나요? 또 하나는 「새벽의 노래」인데요. 하지만 결국 깨달았죠. 시보다 권력이 훨씬 매력적이라는 걸요.

문 #2. 청년 시절에는 국민적 시인이었는데, 어떻게 피도 눈물도 없는 독재자가 되었나요? 변명하실 기회를 드립니다.

스탈린 변명이라뇨, 동지! 이건 변명이 아니라 운명입니다. 딱 세 가지로 말씀드리지요. 첫째, 시로 세상을 바꿀 수 없다는 걸 깨달았어요. 둘째, 혁명에는 강력한 리더가 필요했습니다. 셋째, 솔직히, 독재는 더 재미있고 달콤했죠!

문 #3. 본명이 따로 있었는데 왜 굳이 '스탈린'으로 바꿨습니까? 이유를 세 가지로 말해주세요.

스탈린 첫째, '강철'이라는 뜻이니 멋있잖아요. 둘째, '조세프'는 너무 흔하고 밋밋했죠. 셋째, 사실 아무도 제 본명을 제대로 발음 못 하더라고요.

문 #4. 조지아 고리 출신인데, 러시아 통치자가 된 후 고향을 푸대접한 이유가 무엇인가요?

스탈린 푸대접이라니요, 동지! 고향 사랑의 표현 방식이 다를 뿐입니다. 저는 그들에게 고통을 견딜 힘을 주려 했어요. 내 동상 하나면 충분하지 않습니까?

문 #5. 당신의 공과를 각각 다섯 가지로 말해보세요.

스탈린 공적부터 말할까요?

가장 먼저, 농업국가 러시아를 강대국으로 만들었습니다.

두 번째로, 문맹률을 획기적으로 낮췄죠.

세 번째로, 단기간에 농업국가를 공업 국가로 변화시켰지요.

네 번째로, 2차 세계대전에서 나치 독일을 물리쳤습니다.

마지막으로, 우주 개발의 기초를 닦았습니다.

과오도 말해야 하나요? 음… 제겐 그저 혁명을 위한 희생이었지만, 역사가들이 알아서 평가하겠죠!

박물관의 스탈린 동상

문 #6. 경제개발 5개년 계획은 어디서 착안한 겁니까?

스탈린 사실은요, 차르시대 책을 보다가 아이디어를 얻었어요. 뭐, 혁명도 누군가의 아이디어를 빌려오는 게 아닙니까?

문 #7. 동유럽과 중앙아시아에 대대적으로 인프라를 건설했는데, 어떤 생각으로 그렇게 했습니까?

스탈린 허허, 동지를 사랑한 겁니다! 물론 '사랑'의 정의가 좀 다르긴 하지만요. 사실, 커다란 집에 살다 보면 이웃집까지 손대고 싶어지잖아요?

문 #8. 고향에 세워진 스탈린 박물관에 대해 한 말씀 부탁드립니다.

스탈린 고향 사람들, 내 동상 옆에서 사진 찍느라 힘들죠? 미안합니다. 그래도 관광객이 많이 오니 좋은 거 아닙니까? 앞으로도 제 수염을 기억해 주세요!

문 #9. 한국전쟁의 배후 중 하나로 지목되고 있습니다. 왜 김일성을 지원했나요?

스탈린 김일성을 특별히 좋아한 건 아니에요. 우선, 공산주의의 '붉은 물결'을 넓히고 싶었죠. 다음으로, 지도에 빨간색을 더 칠하고 싶었습니다. 하하하!

문 #10.   끝으로 한국전쟁 희생자들에게 사과의 말씀을 해주시겠습니까?

스탈린   사과라… 전쟁은 참혹하죠. 하지만 혁명도 희생 없이는 불가능합니다. 그래도 미안합니다. 다음 생에는 평화로운 시인으로 태어나겠습니다. 물론, 그러면 재미없겠지만요!

좌측에서 시계방향 ❶ 스탈린 동지 70세 생신 축하—중국인민해방군 제 2야전군. ❷ 스탈린 전용 열차 집무실 ❸ 스탈린 생가(고리)

맺음말

 스탈린의 영혼과 나눈 대담은 유쾌하면서도 묵직한 질문을 던지는 자리였다. 독재자이자 시인이었던 그의 두 얼굴은 역사의 역설이자 인간의 복잡성을 보여준다. 혁명도, 권력도, 예술도 결국 인간을 통해 완성된다. 다음 생에 스탈린이 시인으로 태어난다면, 그의 시는 과연 어떤 모습일까?

※ 설문 문항 10개는 필자가 만든 뒤, 각 문항에 대한 답변은 챗GPT4o에 의뢰한 것임을 밝혀둡니다. (박하)

조지아를 찾아가는 이유

여행 3일째. 조지아로 들어가선 더 낯선 이방인에게 속마음을 고백할지도 모르겠다. 바쿠에서 2일간의 여행에 처음의 어색함은 익숙함으로 변하고 있음을 느낀다. 3일 차, 조지아로 간다. 10일간의 여정 중 5일을 여행하게 될 조지아. 코카서스 여행의 중심이 될 듯하다. 나에게도 여행의 핵심지였고 그만큼 가고 싶은 곳이었다. 보호자로 따라가자는 아내는 여행 일정표에 조지아가 있으니, 미끼를 물듯이 덥석 물었다. 아내도 조지아에 늘 가고 싶어 했다.

여행 전 조지아에 대한 책과 자료를 보던 중 서병용 작가의 책을 읽게 되었다. 작가는 유럽의 모든 나라 중 '조지아'가 가장 아름다운 곳이라 했다. 조지아처럼 자연풍광, 음식, 역사, 사람, 음악, 모든 것을 다 갖춘 나라는 흔치 않다고 한다. 스위스 사람들이 산을 감상하러 오고, 프랑스 사람들이 와인 마시러 오고, 이탈리아 사람들이 춤을 보러오는 곳이 '조지아'라고 소개한다. 그럼 한국 사람은 산을 감상하고, 와인을 마시러 오고, 음식을 맛보고, 춤을 추기 위해서 온다고 하고 싶다. 모든 것이 다 좋은 그런 곳에 오고 싶다는 이야기다.

드디어 조지아 트빌리시에 도착했다. 꿈에 그리던 조지아에 매료되는 시간은 그리 길지 않았다. 4C부터 흐르는 역사를 품은 건축물은 그 가치를 고고하게 풍긴다. 시그나기, 트빌리시, 카즈베기를 들러 볼 조지아의 여행은 설렘과 기대로 시작한다.

포도넝쿨에서 따왔다는 조지아 문자는 상형문자같이 귀여운 모양이다. 가이드인 나 여사가 가르쳐 준 말 "가마르조바(안녕하세요), 마들로바(감사합니다)". 내일 아침부터 보는 사람마다 가마르조바라고 인사하면 함박웃음과 함께 '가마라조바'가 되돌아올 듯하다. 첫날 '가마르조바', '마들로바'를 되뇌며 잠에 든다.

시그나기에서 한나절

사흘째 밤을 보냈다. 아늑한 산속에 있는 숙소는 아름다웠고 고요했다. 계곡에 숨겨진 요새와 같은 모습인데 건물의 전체적인 색감이 주변의 자연경관과 부합되었다. 옅은 나무색이었고, 숙소도 목재여서 나무 향기가 가득해 좋았다. 더위에 지친 우리는 또 문명의 이기利器에 기대길 주저하지 않는다. (하지만 에어컨은 작동되지 않았다) 한국, 중국인들이 주된 고객이었는데 아마도 우리의 여정과 비슷한 모양이다. 국경 통과가 어렵다고 하니 빨리 가기 경쟁이 벌어진 듯하다. 그 덕분에 아침에 일찍 일어나야 했다.

조식 시작은 7:30이고 버스 출발은 8:15이다. 시간이 촉박하기는 우리 일행뿐만 아니라 중국인 일행들도 마찬가지다. 30분 전부터 식당 문 앞에 줄을 서있다. 호텔 조식을 줄 서서 기다리기는 처음이고 시간은 빠듯해서 그냥 먹지 않기로 생각했지만, 국경을 넘을 일이 힘들다 하니 먹어 두어야 했다.

아제르바이잔에서 출국심사와 조지아에서 입국심사를 하는데 국경과 국경 사이 완충지대의 보도가 1km쯤 된다. 큰 캐리어를 끌고 좁은 경사로를 걸었다. 어디로 떠나는 난민처럼 한 줄로 서서 걷는다. 다행히 입국심사대가 두 군데 열려있어 비교적 빨리 월경越境할 수 있었으나 걷고 또 걷고 힘들었다. 국경을 넘는 일이 죽음을 불사해야 할 만큼 절박한 이들도 있는 것에 비하면 우리는 행복한 행렬이다. 그래도 힘든 것은 사실이다.

나는 대한민국을 섬으로 부른다. 제주는 작은 섬, 뭍은 큰 섬, 반도인데 섬이라니? 육지는 육도로 이동할 수 있어야 한다. 하지만 육로를 통해서 대륙으로 가지 못하니 큰 섬으로 부른 것이다. 태어나서 처음으로 나라와 나라를 육로로 걸어서 통과했다.

조지아 가정식 점심 장면

국경선은 국가 간의 경계지만 왜 그렇게 선을 그어야 하는지는 모른다. 두 나라 사이에는 언어도 다르고 문화도 다르다. 길게 이어진 철책과 넘어오는 자가 들어오는 자가 되고, 들어오는 자는 또 다른 국가로 넘어가는 자가 된다. 인간에 의해 경계 지어진 선이 얼마나 무망한 것인지 알게 된다. 경계를 지우고 다름을 표시해야 하는 것이 서로 인간의 이익을 줄 수 있다고 인정해서 그은 선이지만, 한번 약속된 선은 계속 부정되고 또 경쟁하며 전쟁으로 이어진다. 그러니 경계선엔 경계를 한치도 더 들어가지 못하도록 총을 든 군인들이 지키는 거겠지 싶다. 입국수속에 두 시간이 걸렸다.

점심을 소박한 시골 마을에서 현지 가정식으로 먹는데 커피 맛이기가 막힌다. 결국 한 잔을 더 마셨다. 음식도 역시 완전히 다른 것을 알 수 있었다. 돼지고기가 나오고, 잼과 빵, 그리고 화이트, 적색 포도주가 나왔다. 살짝 맛을 보았는데 6년 만에 먹은 약간의 알콜 맛이 이상하다.

포도주의 맛보다 향이 온 입안에 가득하다. 음식도 맛있고 사람들도 순박하고 친절하다. 나름 교통공학 전문인 내가 봐도 도저히 회전반경이 나오지 않는 길을 자유자재로 좌우를 바꾸는 운전기사의 실력이 놀라울 뿐이다.

3일 정도의 동행으로 이제 얼굴이 익숙해지고 대화가 시작되면서 서로의 비밀을 털어놓는다. 그리고 웃고 떠들고 서로 사진을 찍어주는 친밀도도 더해간다. 이렇듯 무리를 이루어 살아가는 인간의 모습은 역시 적응이 빠른 동물인가 보다.

내일이면 더 적응될 것이며, 시간이 지나면 좋지 않거나 눈에 거슬리는 것들이 보이기 시작할 것이다. 결국 좋은 것과 나쁜 것이 적당히 섞여서 우리의 여행은 굴러갈 것이고, 또 동행해야 하는 대의에 충실하며 서로를 배려할 것이다. 이해는 귀하고 오해는 흔하다지만 이해는 필연적이고, 오해는 선택적이어야 한다. 시간이 지나면 여행은 끝나고 각자의 삶으로 돌아갈 것이다. 저녁 늦게 드디어 조지아의 수도 트빌리시로 들어왔다. 내일부터 4일간 여기서 보낼 것이다. 오늘은 어제보다, 내일은 오늘보다 덜 피곤하겠지. (이재웅)

현지 레스토랑에서 아이랑 함께(필자)

즈바리 수도원 가는 길

푸른 하늘과 살짝 찬 공기의 차가움이 커피 맛을 더한다. 커피잔을 든 부부와 먹이를 갈망하는 냥이의 눈빛, 그리고 팜파스꽃에 허리가 찔린 푸른 제주 하늘의 모습을 그린다. 조지아 트빌리시에 있어도 제주가 그리운 것은 그만큼 사랑한다는 뜻일 건데 그리움과 절박함까지 더한다. 신열身熱이 나는 게 아니더라도 가슴앓이를 하는 것 같다. 하늘은 흐릿하다 못해 곧 굵은 비를 쏟아낼 것 같다. 성당의 회색빛과 검은 먹구름이 만나 매우 음침한 수준이다. 그래도 고성古城이 지닌 도시의 매력을 더해준다.

즈바리 수도원으로 간다. 언덕 위에 우뚝 솟은 성당! 일찍 도착해서 아직 문을 열지 않았다. 30분간 설명을 듣는데 할머니가 출입문에 입을 맞추더니 문을 연다. 높은 천장과 어두운 실내 양쪽 하나씩 수직으로 작게 통로가 나 있는 성당 안은 회색이었다.

종교가 맞지 않는 우리 부부는 그냥 건축물의 양식을 주로 보았는데 돌의 이음새가 수상하다. 비가 새지 않는다는 설명은 과장되었는지는 모르지만, 나의 상식으로는 누수가 있을 수밖에 없다. 일부 땜질을 한 곳이 눈에 보였다.

조지아의 성당에는 일정한 건축양식들이 보인다. 사각형의 크고 작은 돌들도 이음돌을 해서 올렸고, 십자형 평면구조를 하고 있다. 천정 형태는 돔 형식이며 화려하기보다 투박한 외관이다. 자연과의 조화를 이루고 있으며, 외침이 많았던 지리적 요인 때문에 높은 곳에 지어져 방어의 역할을 한 것이다.

점심 식사는 비슷하다. 음식 이름들을 외우지 못하겠고 입에 맞진 않았지만, 차차 적응되는 중이다. 역시 채소는 싱싱했지만 고추는 엄청 매워서 입에도 대지 못했다. 점심 도중 엄청난 폭우의 소나기가 내린다. 2층 식당 옆으로는 작은 계곡이 있다. 식당 내부는 고풍스러운 그림이 걸려있고 시원하게 내리는 빗소리를 들으며 먹는 식사는 풍성하다. 먹는 도중 번개가 치고 물이 억수같이 내려도 전부 카메라를 들고 밖으로 나가 현지에 왔음을 확인한다. 식사를 마치고 카즈베기로 가는 도중 비는 그치고 안개와 구름에 가려져 있던 코카서스산

맥이 웅장하게 모습을 드러낸다. 좁은 2차선 도로는 큰 버스 두 대가 거의 부딪힐 정도다. 왼쪽은 천리 길 낭떠러지가 있어 다리에 힘이 갈 정도로 아찔하다. 해발고도 2,000m 지금 한라산보다 높은 고도를 버스는 달린다.

2015년 5월, 난 김영갑 작가의 채취를 맡기 위해 용눈이오름에 올랐었다. 정상에서 바라본 제주의 모습에 헛울음을 울었었다. 슬프고 기쁘다는 감정에 충실하지 않고도 그냥 보고 느낌만으로 눈물을 쏟았었다. 과연 이곳이 '나의 제주도란 말인가'라고 속으로 외치면서 말이다. 김영갑 작가가 돌아가실 때까지 다 찍지 못했다는 용눈이오름, 그렇게 살아서 처음 헛울음을 울었었다. (이재웅)

카즈베기산의 게리게티 수도원

버스 맨 뒤에 앉은 나는 카즈베기로 가는 협소한 도로를 달리면서 바라본 산들의 파노라마에 두 번째 헛울음을 울었다. 울고 나니 우는 마음을 떠나 그냥 샘솟는 그런 기분이다. 그리고 울음을 그칠 즈음, 나는 헛웃음까지 비현실적 감정변화를 경험했다. 어떻게 저렇게, 골세滑勢를 이루는 선은 깊고 짙은지! 그 선은 뚜렷이 산맥의 봉우리들 사이에 깊이 박혀있어 두 단을 분리하면서 서로 연결한다. 그렇게 이어진 산들은 내 시야의 끝을 넘어선다. 볼 수 있는 한계를 느끼고 울고 웃는 감각은 무뎌졌다. 이전 감정을 조금 더 갖고 가면 내일부턴 하루 종일 대성통곡하거나 수도원 앞에 무릎꿇고 앉아 고해성사를 할 지도 모르겠다.

1차 캠프인 카즈베기 마을에 도착했다. 마을은 계곡의 흐름이 이어지는 산등성이 초입에 자리 잡고 있었다. 푸른 산과 주황색 지붕을 한 집들이 색의 조화를 이룬다. 아름답다. 평생 보지 못한 그림 같은 풍경에 다들 넋을 잃는다.

마을에서 다음 목적지인 게르게티 삼위일체교회(gergeti trinity church)로 가기 위해선 카즈베기 마을에서 4륜 구동 지프차로 바꿔 타야 한다. 마음씨 좋게 생긴 기사 아저씨가 우리를 픽업한다. 차가 오래 되었는지 안전벨트는 끊어져 있고, 운전석 앞 계기판에 갖가지

불들이 다 들어와 작동하지 않는다. 심지어 엔진 고장 시에 켜지는 장구 모양의 불도 켜져 있다.

좁은 길과 경사지고 굴곡진 길이라 위험한데 아저씨의 전화 통화는 계속된다. 불안하다. 그 와중에 앞차는 절벽 도로에서 추월까지 시도한다. 'no, stop.'을 외쳤지만 기사 아저씨는 어깨를 으쓱하며 아무렇지도 않은 듯 그냥 나를 보고 웃기만 한다.

게르게티성 삼위일체 교회가 눈에 들어온다. 500m 앞 주차장에다 차를 세운다. 성까지 걸어가라는 말인가 싶어 다리에 힘이 풀린다. 여기가 사진이 제일 잘 나오는 곳이라 빨리 사진을 찍으란다. 그럼 그렇지, 저기까지 걸어갈 순 없다. 역시 아름답고 숭고하다. 그냥 바라보고 아무 말을 하지 않아야 하는 듯 할말을 잊었다. 다행히 저 멀리 보이는 해발 5400m 카즈베기산의 정상이 올해 처음 내린 눈을 뒤집어쓴 채 구름을 벗어나 모습을 드러낸다. 큰 숨을 쉬고 바라볼 수밖에 없다.

이제 슬슬 성으로 올라가려는데 잘 들리지 않던 한국말이 들린다. 차 번호가 눈에 익는데 번호판 옆에 태극기가 붙어있다. 캠핑카를 타고 3개월째 신혼여행 중이라는 신혼부부를 만났다. 블라디보스톡에서 러시아 대륙을 횡단해 왔다는 말에 모두들 놀랐다. 차 내부를 보는데 말린다. 나름 신혼방인데 불쑥 들어가서 민폐를 끼칠 찰나, 부부는 흔쾌히 신방을 보여준다. 분당에서 왔고 내년 1월까지 유럽을 돌고 한국으로 돌아간단다. 부부의 젊음이 부럽고 모험심이 기특했다.

다시 한번 늙음을 한탄해 보지만 그래도 지금 이렇게 온 것이 다행이기도 하다. 4C 건물인데도 불구하고 오늘날까지 잘 보존되어 있고, 조지아에서 가장 상징적인 건물 중 하나란다. 지금은 벽에 낀 이끼를 제거하는 보수공사를 하고 있다. 지붕 위의 인부들도 비현실적으로 위험해 보이는데 한 손에는 담배를 한 손에는 연장을 들었다. 이 높은 곳 중에 더 높은 지붕 위에서 살아가는, 세상에서 가장 위험한 노동자 같다.

공기가 훨씬 차가울 거로 생각했는데 요행히 생각보다 덜하다. 이제 모든 일정을 마치고 내려온다. 어딜 가나 있는 걸인이 나에게 '니하오'라고 말을 걸기에 'korean'이라고 말했다. 그런데도 대답이 '사와디카'이다. 아무리 몇 일간 수염을 정리하지 못하고 얼굴이 새까매도 태국 사람으로 보는 건 너무 억울했다. 일행들 모두 웃는다. 유기성 작가는 "헤밍웨이인데 저 분 웃기는 사람이네."라며 위로의 말이 난 더 슬프다. 헤밍웨이라뇨…. 그렇게 하루가 지나갔다. 피곤하니 머리에 담고 메모할 수 없어서 내용을 다 쓰지 못하겠다.

살아생전에 제일 먼 곳, 높은 곳으로 왔다. 살면서 좋은 사람과 더 가까이 지내고, 가장 낮은 겸손의 자세로 살아가야 함으로 마음을 다잡는다. "하늘을 바라보면 혼자가 아니다"라고 했던가. 우리는 오늘 같은 방향으로 먼 산과 그 위에 걸려있는 하늘을 바라보았으므로 혼자가 아니다. 아닐 것이다. 가로등만 켜져 있는 카즈베기 시내가 적요하다. (이재웅)

사랑의 도시, 시그나기를 가다

 포도즙과 발효하여 술을 만드는 서양과 다르게 조지아에선 포도 줄기, 씨, 포도 껍질까지 모두 항아리에 넣어 집집이 각자의 방식으로 술을 담근다고 합니다. 9월의 들판은 온통 포도원입니다. 큰 포도밭도 있고, 조그만 것도 많습니다. 작은 것들은 개인 소유라고 하는데, 저기 저 계곡 위의 작은 마을에 밭의 주인들이 있다고 하는군요. 1년에 집마다 무려 1~2톤의 포도주를 만든다고 하니, 놀랍군요. 조지아는 301년에 기독교를 국교로 수용한 아르메니아에 이어 326년에 세계에서 두 번째로 기독교를 국가종교로 받아들인 나라로서 이

사랑의 도시 시그나기 풍경

곳에서 포도주는 여러 뜻을 갖습니다. 예수의 피를 상징하는 종교적 의미도 있고, 주요한 수입원이고, 생활이고 전통이고 사교입니다. 그러니까 포도주가 삶의 씨줄과 날줄, 삶의 모든 것이지요. '사랑의 도시'라는 별명이 붙은 시그나기에 왔습니다.

도시를 요새처럼 둘러싼 망루가 27개나 되고, 돌길은 서유럽풍, 붉은 벽돌과 붉은 지붕은 동유럽풍, 창문이나 대문의 재질과 무늬는 아시아풍입니다. 이렇게 동양과 서양의 문화가 혼합되어 있으니 도시 전체가 미술관 같고, 더구나 '백만 송이 장미'라는 노래 속의 화가 니코 피로스마니(1862~1919)가 살면서 그림을 남긴 곳이라 그런지 '사랑의 도시'라는 도시 표어가 딱 어울립니다. 가난하여 화구 하나 제대로 살 수 없었고 물감도 만들어 써야 했던 조지아 최고의 화가가 굶주린 배를 움켜쥐고 비틀비틀 이 거리를 오르내렸을 것 같군요. 고달픈 삶이었기에 어둠을 배경으로 그림은 생명이 넘칩니다. 길거리에서 산 티셔츠에도 피로스마니의 특이한 그림이, 원시주의(primitivism) 화풍의 강렬하고 에너지 넘치는 기운이 여기저기 묻어 있군요.

전망 좋은 어느 가게에서 지나가는 사람들 마시라고 포도주 독주를 내놨기에, 수도꼭지 같은 손잡이를 틀어 한잔 들이킵니다. 그 가난한 피로스마니가 순회 공연온 프랑스 여가수를 사랑하여 자신의 목숨과 같은 화구와 오두막집을 팔아 장미꽃 수만 송이를 여가수가 머물던 이 광장 어딘가에 뿌려놓았다는 거 아니겠습니까? 그 광장이 시그나기 시청사 근처의 여기가 맞는지, 수도 트빌리시에 있는 어느 광장인지, 두 가지 설이 있지만 말입니다. 그런 순애보를 심수봉이 이상하게 가사를 개악하고 콧소리 가득한 야릇한 목소리로 망쳐놓았기 때문에, 이 글을 읽는 독자 여러분은 원 가사와 원곡의 그 깨끗한 맛을 그대로 느낄 수 없을 것 같아 안타깝습니다. 저의 블로그 '러시아– 자연과 문화 사이'(https://blog.naver.com/dmitri3)를 방문하시어 검색창에 '백만 송이 장미'를 치시면 제가 왜 심수봉을 까는지 이해하실 겁니다.

저는 시그나기를 떠나 4세기에 터키 카파도키아 출신의 성녀 니노가 조지아에 기독교를 전파하고 영원한 안식을 취하고 있는 보드베 수도원으로 갑니다. 바실리카 양식의 수도원 건물들은 17세기에 복원된 것인데, 러시아 기술자들이 주로 작업을 한 탓에 러시아 정교회와 조지아 정교회의 모습이 혼합된 건축 양식과 프레스코화 등 내부 모습이 인상적입니다. 아담과 이브가 알몸으로 천사와 악마의 저울 앞에 서서 심판을 기다리는 프레스코화가 마치 어제 그린 벽화처럼 선명하네요.

성녀 니노의 무덤은 본 성당 오른쪽의 작은 하얀 방에 안치되어 있었어요. 세상의 모든 병든 자, 고통받는 자들이 작은 이적과 기적을 바라며 이 작은 공간으로 몰려든다고 합니다. 기독교 신자는 아니지

성녀 니노의 무덤이 있는 보드베 수도원

만, 저도 초 한 자루를 촛대 위에 꽂습니다.

　수도 트빌리시로 내려왔습니다. 유황온천이 많아 '따뜻한 도시'라는 도시명이 붙은 트빌리시, 트빌리시에 도착하여 짐을 풀자마자 푸시킨 동상과 푸시킨 소공원을 찾습니다. 여기서부터 저 아랫길이 푸시킨 거리입니다. 코카서스를 사랑한 대표적인 러시아 문학가를 들라면 운문시「코카서스의 포로」를 남긴 알렉산드르 푸시킨, 장교로 근무한 자신의 경험을 살려 같은 제목의 중편 소설을 쓴 레프 톨스토이, 두 번의 코카서스 유배 생활에서 많은 시와 자장가 등을 우리에게 선물한 미하일 레르만토프 등을 꼽을 수 있겠습니다. 자유주의 서정시인 푸시킨은 서른 살이 되던 1829년 5월에 작품도 구상하고 친구도 만날 겸 러시아 남부의 블라디캅카스와 트빌리시를 연결하는 유일한 길인 '조지아 군사도로'를 타고 여기 유황의 도시로 왔습니다. 그의 흔적이 여기 이 동상과 소공원과 거리, 온천 계곡의 동판에 남아있습니다. 동판엔 "나는 여기 온천에서보다 더 사치스럽고 화려한 호사를 그 어느 곳에서도 누린 적이 없다."라는 그의 글씨가 새겨져 있습니다. 저도 5번 시립목욕탕으로 들어가 푸시킨처럼 유황 냄새 가득한 욕조에 몸을 담그고, 건식 찜질방에 앉아 여행의 피로를 빼고, 나무통 바가지로 찬물을 한껏 뒤집어씁니다.

　조지아는 압하지야와 남 오세티야 영토분쟁으로 1990년대와 2008년에 러시아와 두 번의 전쟁을 치르고 지금도 국토의 17%를 러시아에 점령당하고 있는 나라입니다. 그래도 사람들은 러시아 문학을 사랑하고 문학가들을 아끼며 그들에 대한 기억을 존중합니다. 대단하지 않나요?

 문화예술과 정치, 문학과 로켓포는 본질상 별개의 영역이기 때문이고, 남북으로 1100km나 되며 5천m 이상의 봉우리를 8개나 품은 코카서스의 위용과 관용이 넓고 깊은 생각을 허용하기 때문입니다. (이재혁)

대문호 푸시킨의 흔적이 남아있는 트빌리시의 유황 온천 구역

포도주, 정교, 하치카르의 땅!

2024년 9월 24일 화요일 아침입니다. 트빌리시의 호텔을 떠나 조지아의 북부 지방으로 올라갑니다. 우리는 5세기까지의 옛 수도 므츠헤타와 더 북쪽의 카즈베기로 가는 중입니다. 버스 안에서 어제 답사한 장소와 그 의미를 '5분 강의'로 다시 요약해드렸습니다. 그리곤 푸시킨의 일생과 시 2편을 후렴 격으로 소개하였습니다. 한 편은 누구나 아는 푸시킨의 「삶이 그대를 속일지라도」였고, 다른 한 편은 「나는 자신에게 기념비를 세웠노라」입니다. 「삶이 그대를 속일지라도」, 이 시도 마지막 연을 "모든 것은 순간적이고 모든 건 지나가리니, 그리고 지나갈 것은 훗날엔 곱게 되리니"라고 번역해야 푸시킨의 의도나 그 마음에 가까워진다고 생각합니다. 연필 칼에 손가락을 베이면 처음엔 상처에 소금이 튄 것처럼 쓰라렸지만, 며칠 지나면 상처에 딱지가 앉고 그 근처가 가려워서 근질근질해지던 기억이 있으신지요? 그런 걸 말씀드리는 겁니다.

「나는 자신에게 기념비를 세웠노라」라는 시는, 자유와 선한 감정을 노래하다가 숱하게 탄압받으면서도 굴복하지 않은, 그의 강한 자의식을 드러낸 시입니다. 독자 여러분도 뭔가 힘드신 일이 있으실 때, 세상과 내가 맞지 않는 그런 순간을 당하실 때, 이 시를 소리를 내 크게 낭독해 보면 자신의 배 저 아래쪽에서 뭔가 뜨거운 불이 올라오면서 기운이 차려지는 그런 경험을 하실 수 있지 않을까 합니다.

"나는 자신에게 기념비를 세웠노라. 손으로 만들지 않은 그런 기념비를…. 나의 기념비로 오는 오솔길엔 사람들이 하도 많이 다녀 풀로 길이 덮이지 않으리. 나의 기념비는 뻣뻣한 머리를 들고서, 저 높은 알렉산드리아 원주 기둥보다도 머리 하나만큼은 더 높이 서 있으리….

나는 절대 죽지 않으리. 신비한 이 운율 속에 든 나의 영혼은 나의 유해를 견뎌내고, 썩음은 저만치 달아나리. 달빛이 비치는 이 세상에 한 사람의 시인 나부랭이라도 살게 된다면, 나는 영광을 잃지 않으리. 나에 대한 소문은 이 위대한 러시아를 흔들어댈 터이고, 러시아의 모든 혀 있는 자들은 나의 이름을 부르리. 자존심 높은 슬라브의 손자들, 핀란드인들, 지금은 야만인인 퉁구스족, 그리고 초원의 친구 칼므이키, 그 누구라도….

나는 오랫동안 민중들에게 사랑받으리. 선한 마음을 노래로 깨웠고, 이 잔인한 시대에 자유를 찬미했으므로…. 그리고 모든 죽어간 이들에게 연민을 불러일으켰으므로…. 뮤즈여, 오직 신의 명령에만 귀 기울이게나. 모욕을 겁내지도 월계관을 요구하지도 말고, 칭찬과 비방을 같이 무심하게 받아들이게나. 그리고 멍청이들과 제발 다투지 마시게나."

길이 멀다 보니 중간의 구다우리라는 곳에서 조지아 만두와 하차푸리로 점심을 먹고, 가파른 '조지아 군사도로'에 몸을 싣습니다. 오스만튀르크와 페르시아 등 주변의 이슬람 국가에 시달리던 약소국 조지아는 1783년에 같은 기독교 국가이던 러시아 제국에 보호국으로 받아달라고 요청하는데요, 그때 러시아 군대가 험준한 이 길을 따라 당나귀를 앞세워가며 길을 뚫어가며 내려왔고, 비교적 넓은 바로 이 자리에서 짐을 풀고 쉬어갔다고 하네요. 그때 그 자리에 2백 년 뒤인 1983년에 '조지아-러시아 우정의 모자이크'가 섰습니다. 평화와 우정의 두 나라는 어디로 가고 지금의 두 나라는 영토분쟁과 전쟁을 일삼는 원수지간이 되었으니, 역사의 수레바퀴는 참으로 수수께끼죠? 그렇거나 말거나 먹지 않고 살아갈 수는 없으니, 지금도 셀 수 없이 많은 화물차가 좁은 산악도로를 따라 러시아 남부와 튀르키예 사이를 연결하고 있군요.

조지아의 옛 서울인 므츠헤타가 산꼭대기의 즈바리 수도원 아래 그림같이 펼쳐져 있습니다. 저 도시를 세운 이는 우리의 단군에 해당하는 노아의 후손 므츠헤토스였다고 해요. 도시의 왼쪽으론 튀르키예에서 발원하여 카스피해로 흘러가는 누런 흙탕물의 쿠라강이 보이고, 오른쪽은 코카서스 설산에서 흐르는 깨끗한 아라그비강입니다. 므츠헤타의 배꼽 부위에 자리 잡은 저기 저 웅장하고 멋진 성당이 십자가에서 돌아가신 예수의 옷자락이 보관되어 있다는 그 '살아있는 기둥의 성당'이군요. 예수의 옷자락은 신심이 두터웠던 이곳 처녀 시도니야의 여동생이 언니의 소원을 들어주려 유대 땅까지 걸어가서 가져왔다고 하기도 하고, 이곳을 오가던 유대인 상인이 1세기 때 여기까지 운반해왔다고 하기도 하네요. 시도니야는 저세상으로 갈 때도 예수의 옷자락을 손에서 놓지 않았는데요, '살아있는 기둥'이란 뜻은 3백 년 후에 성녀 니노가 터키 땅에서 와서 시도니야 무덤을 표시하던 나무 기둥을 네 조각으로 잘라 네 기둥을 세우고 여기에 조그만 성당을 지었기 때문이라고 해요. 이때 잘려 나간 기둥이 쓰러지지 않고 하늘에 둥둥 떠서 마치 살아있는 성스러운 나무 같았다고 하죠?

586년에 완공된 산정의 즈바리 수도원은 특이하게도 지붕이 팔각형이고 그 밑에 둥근 받침돌을 고였는데, 하늘에서 보면 둥근 돔 양식에 십자가 모양이 보인다고 합니다. 피렌체의 두오모 성당 등 이탈리아의 그 유명한 돔 양식 있잖아요? 그 원형이 여기 산꼭대기의 즈

즈바리 수도원에서 내려다본 조지아의 옛 수도 므츠헤타

바리 수도원이라고 하니, 그저 놀랍습니다. 수도원 입구와 벽엔 조지아 정교회만의 초기 기독교 십자가와 포도잎 덩굴이 걸려있고, 안에 들어가 보니 성화도 성인들의 몸 전신이 나오는 러시아와 다르게 얼굴만 보입니다. 그리고 나무로 만든 성화가 많아서 세월의 흐름 속에 검은색으로 변해있고 4세기의 돌 제단도 이끼가 가득합니다. 세계의 많은 기독교인이 왜 조지아와 아르메니아로 성지순례를 오는지 충분히 알 것 같네요. 산을 빙빙 돌아서 '살아있는 기둥의 성당'으로 내려갑니다.

요새처럼 성벽이 둘러쳐진 '살아있는 기둥의 성당'은 규모나 넓이가 장난이 아니었습니다. 기독교 이전의 조로아스터 흔적인 소머리 장식이 예수의 옷자락이 보존되어 있는 이 성소에 버젓이 걸려있고, 수많은 외침과 약탈을 견뎌내라는 의미로 붉은 불사조 조각도 걸어놓았습니다. 지붕은 12 사도를 상징하여 12개, 창문은 삼위일체를 표상하여 각각 3개씩입니다. 안으로 들어가니 별자리를 활용한 특이한 성화, 천국이 땅 밑에 있고 지옥이 하늘에 떠 있는 프레스코화, 몽골군이 쳐들어와 살육과 파괴를 일삼아도 넉 달은 견딜 수 있는 비밀의 방과 비밀의 우물이 보입니다.

요새로도 활용된 드넓은 성당 마당에 앉아 생각해봅니다. "아, 조지아 사람들에겐 여기가 우리의 단군신화에서 말하는 신시神市이고, 저 산꼭대기가 태백산이고, 산 정상의 즈바리 수도원이 환웅천왕의 신단수였구나!"하고 말이죠. "신시에서 태어나서 죽을 때까지 아침

저녁으로 저 위의 즈바리 수도원을 올려다보며 살아가는 므츠헤타 시민들에겐 저기로 올라가는 저 가파른 길이 '천국으로 가는 계단'(Stairway to Heaven)이구나!"하고 말이죠.

제 생각으로는, 조지아 여행의 하이라이트는, 다른 데가 아닌 바로 이 므츠헤타와 즈바리 수도원 같습니다. '살아있는 기둥의 성당'의 광활한 마당에 앉아 평면과 완만한 경사와 급경사 등 다양한 각도로 이뤄진 12 지붕과 처마 끝의 작은 교회, 천국의 계단 너머 산 위의 즈바리 수도원을 바라볼 기회를 가질 수 있는 분은 참으로 행운아이고 복받은 분이라고 생각합니다. 이 관용과 참을성과 끈기와 용맹정진의 공간에서는 누구나 신성神聖 체험을 할 것 같습니다.

코카서스엔 해가 일찍 집니다. 얼른 길을 재촉해야 하겠습니다. 여기는 므츠헤타에서 차로 1시간 반 정도 북쪽으로 올라온 카즈베기입니다.

여기서 사륜구동차를 갈아타고 산을 빙글빙글 돌아서 2150m의 카즈베기산 정상에 오르면, 거짓말같이 작고 위엄있는 성 삼위일체 성당이 멀리 나타납니다. 자신들을 노아의 후손이라고 믿는 조지아인들은 아무도 올 수 없는 페루 마추픽추 같은 이곳에 자신들의 성소를 짓고 다시 다가올 '세계의 종말'에 대처하였나 봐요. 하도 외적이 많이 침탈해 들어오니까 각 성당과 수도원에 있는 고귀한 성물들을 여기에 보관도 하고 말이죠.

저는 겨울 스키의 고장 구다우리에서 하룻밤을 자고 14세기에 지

예수의 옷자락이 보존된 '살아있는 기둥의 성당' 벤치에서

은 아나누리 요새를 거쳐 고리(Gori)시의 스탈린 생가와 청동기~12세기의 암석 도시 우플리스치헤(Uplistsikhe)로 내려갑니다. 아침 버스 안의 '5분 강의' 시간에 어제의 여행을 정리하고, 어제 느낀 '코카서스 므츠헤타와 단군신화의 묘한 상관관계' 이야기를 덧보태고, 제드 레플린의 'stairway to Heaven'을 틉니다. 노래가 아니라 문학이고, 문명 비판이고, "돈과 황금으로 천국을 살 순 없어!"라는 절규이죠.

반짝거리는 것은 모두 금이라고 믿는 여자가 있어요
그리고 그녀는 천국으로 가는 계단을 사려 하죠
그녀가 도착했을 때 그녀는 알고 있었어요,
   가게 문이 전부 닫혀 있어도
말 한마디로 그녀가 온 이유를 살 수 있다는 걸
우우, 그녀는 천국으로 가는 계단을 사려 하죠.
벽에 표시가 있지만, 그녀는 확실한 것을 원하죠
왜냐면 당신도 알겠지만, 말은 두 개의 의미가 있기도 하니까요
개울가 나무에서, 새가 지저귀고 있네요
때때로 우리의 모든 생각이 잘못된 것은 아닌가 싶어요

번역문 출처:
https://alwnsxo.com/pops/%EB%A0%88%EB%93%9C-%EC%A0%9C%ED%94%8C%EB%A6%B0-%EC%8A%ED%85%8C%EC%96%B4%EC%9B%A8%EC%9D%B4-%ED%88%AC-%ED%97%A4%EB%B8%90-stairway-to-heaven

이오시프 스탈린(1879~1953), 이 조그만 나라의 이 조그만 시골에서, 그것도 술주정뱅이 구두 수선공의 아들로 나서 어떻게 전체 소련의 최고 지도자가 되고 20세기를 호령했을까요? 풀리지 않는 수수께끼가 한둘이 아닙니다. 정치에 관심이 없지만, 이곳에서 새롭게 안 사실이 있다면 스탈린의 가족이 당시에 어느 하층민보다도 가난했다는 것, 운동권 학생으로 제대로 마친 학교는 없어도 소싯적의 스탈린은 엄청난 수재이고 큰 시인이었다는 것, 매일 계속되는 아버지의 가정폭력 속에서도 어머니가 맹모삼천지교는 저리 가라는 아들 맹신자라는 것, 8번의 탈옥과 독심술, 바쿠에서 처음 만난 레닌이 스

조지아 고리 지방의 암석 도시 유적

탈린을 훗날 평하면서 "이제껏 내가 만난 사람 중에서 가장 열정적인 사람"이라고 했다는 것 등입니다.

청동기 철기 시대부터 12세기까지 존재했다는 근처의 암반 도시로 왔습니다. 원래는 태양신을 모시던 조로아스터 동굴사원이었으나, 시대에 따라 2백여 가구가 거주하는 생활공간 혹은 인근 지역과의 무역 거래소이기도 했답니다.

바위를 밟고 굴을 따라 위쪽으로 발을 옮깁니다. 물과 불을 보관하던 장소, 환기장치, 감옥 터, 어느 가정집의 식탁과 난간, 담장이 박혀있던 나무기둥 자리, 포도주 보관창고, 병원, 약국 서랍, 동사무소 같은 행정실, 지금의 도시와 별반 차이가 없습니다. (이재혁)

카즈베기산과 프로메테우스와 윤동주

 카즈베기산에 있는 게르게티 성삼위일체 수도원에 들렀다. 카즈베기산은 5047m 높이의 만년설산으로 코카서스에서 7번째로 높은 산이나 아름답기로는 으뜸이라 한다.

 키즈베키라는 말 자체가 얼음을 의미하는 만큼 사철 흰 눈을 이고 있는 모습이 환상적일 뿐 아니라 중턱(2,170m)에 위치한 상삼위일체 수도원에서 바라보는 풍경 또한 아름답기 그지없다. 마주하고 있는 샤니(Shani)산의 웅장함과 발아래 동화책을 펼친 것 같은 예쁜 마을(스테판츠민다 마을)과 와이너리로 이어지는 푸른 골짜기가 주는 감동은 장엄하고 경건하며 평화로움의 조화, 그 자체라 할 것이다. 더욱이 그리스 신화 속 영웅 프로메테우스 전설을 품은 산이기도 하여 우리나라 백두산처럼 조지아가 영산으로 여기는 산인데 전설의 줄거리는 대충 이렇다.

 프로메테우스는 그리스 신화에서 인간의 창조자이자 보호자로 티탄 족에 속하는 신이다. 그는 제우스의 명령을 어기고 신들의 세계에서 불을 훔쳐다가 인간에게 가져다줌으로써 문명을 발전시킬 기회를 준 고마운 존재였다. 그러나 이 일로 제우스의 노여움을 사 카즈베기산 동굴 벼랑에 쇠사슬로 묶여 매일 독수리가 그의 간을 쪼아 먹히는 형벌을 받게 된다. 프로메테우스의 간은 밤마다 재생되었고, 이 형벌은 헤라클레스가 그를 구출할 때까지 3000년이나 계속되었다.

이 신화를 듣자마자 시 한 편이 떠올랐는데 바로 윤동주 시인의 '간 肝'이란 작품이다. 아래에 시 전문을 옮겨본다.

간肝

◆ 윤동주

바닷가 햇빛 바른 바위 우에
습한 간(肝)을 펴서 말리우자.
코카서스 산중(山中)에서 도망해 온 토끼처럼
둘러리를 빙빙 돌며 간을 지키자.
내가 오래 기르든 여윈 독수리야!
와서 뜯어 먹어라, 시름없이
너는 살지고
나는 여위어야지, 그러나
거북이야!
다시는 용궁(龍宮)의 유혹에 안 떨어진다.
프로메테우스 불쌍한 프로메테우스
불 도적한 죄로 목에 맷돌을 달고
끝없이 침전(沈澱)하는 프로메테우스.

(1941. 11. 29)

우선 시를 풀어 그 의미를 감상해보자.

肝이란 글자는 인간의 장기인 간장을 나타내는 말이지만 한자 풀이를 보면 충정, 정성이란 뜻도 가지고 있다. 따라서 간은 자아를 상징하고 '습한 간'은 충정을 잃었던(양심을 더럽혔던, 자아를 상실했던) 시인의 과거를 의미하는바, 간을 지키자는 말은 되찾은 충정(양심, 양심)을 다시 잃지 않겠다는 의지를 표현한 것이라 하겠다.

그런데 시인은 우리나라 구토설화龜兔說話와 그리스의 '프로메테우스 신화'를 끌어와서 자신의 세속적 욕망에 흔들렸던 과거를 회개하면서 양심과 존엄성을 지키고자 하는 자기희생의 의지를 피력하고 있다.

토끼는 헛된 욕망으로 자아를 잃을 뻔했지만, 양심과 존엄성(충정)을 지키고자 하는 화자 자신을 말한다 하겠고, 거북이는 양심을 흐리게 만드는 악마로서 일제를 지칭하는 것으로 볼 수도 있다.

프로메테우스는 제우스 몰래 인간에게 불을 가져다준 죄로 코카서스 산에서 매일 독수리에게 간을 쪼여 먹히고 죽었다가 다음날 되살아나서 또 간을 쪼여 먹히고 죽는 형벌을 받는 존재이고 독수리는 화자의 육체에 고통을 주는 것으로 정신적 자아를 살찌게 하는 존재이다. 결국 시인과 프로메테우스와 토끼는 동일체라 할 수 있겠는데... 음... 삼위일체 성당에서 성부, 성자, 성신의 삼위일체를 깨닫게 하는 또 다른 삼위일체를 발견하는 수확을 얻는 거룩한 순간이라니...

우리가 통상 비장한 각오를 다질 때, 매일 장작더미에서 잠을 자며 쓸개를 맛본다는 뜻을 지닌 와신상담臥薪嘗膽이라는 고사성어를 많이 인용한다. 프로메테우스의 고통은 매일 죽다 살아나는 것이므로 와신상담과는 비교할 수 없을 정도로 상상을 초월하는 극한의 고통이므로 시인은 어떠한 고통을 감수하더라도 정신적 자아(신념, 양심, 충절)를 키우고자 하는 자신의 의지를 표현한 것으로 볼 수도 있고, 일제하에서 분별없이 행동하는 한민족 공동체에게 보내는 메시지일 수도 있다는 생각이 든다.

  그런데 정보의 바다를 누비는 우리 세대에게도 낯선 코카서스와 프로메테우스를 근1세기 전의 동주 시인은 어떻게 알고 있었을까? 시인은 듣도 보도 못한 먼 이국땅의 신화와 우리나라 설화를 기막히게 결합하여 자신에게 혹은 민족적인 각성을 촉구하는 메시지를 보낸 충절을 생각하면 한편으론 가슴이 아리고, 한편으론 대한민국의 혼란스러운 국정 난맥상을 보고 있노라면 현시대를 살아가는 우리 모두가 시인의 간절한 메시지에 전혀 부응하지 못하고 살고있다는 자각에 죄스럽기도 하다. (임승여)

시그나기에서 피로스마니를 만나다

조지아는 러시아 표기로 '그루지야'라고도 한다. 사실 '그루지아'라는 단어가 아직 조금 더 익숙하긴 하다. 와인의 발상지이자 세계적 생산지인 조지아에 들어와 제일 먼저 본 풍경은 역시 포도밭이다. 끝없이 펼쳐진 포도밭, 또 포도밭! 광활한 포도밭은 기름진 옥토와 부지런한 농부의 손길로 포도가 익어 주렁주렁 달렸다. 포도를 잔뜩 싣고 가는 트럭들도 심심찮게 보였다.

우리나라 카이스트를 졸업한(한 해 2명뿐인 국비 유학생이란다) 묵직한 체구의 아름다운 여성 가이드는 한국말이 유창했다.

다른 나라와 달리 조지아는 포도주를 담을 때 잎과 나무줄기까지 같이 담아 맛이 떫고 깊으며 풍부한 것이 특징이라고 하는데 계속 먹어봐도 나는 도통 모르겠다. 특이했던 또 다른 풍경은 양떼나 소떼 등이 길을 따라 먼저 점유해 움직여도 차들이 조심해서 피해 간다는 점이다. 코카서스 지역의 특이한 풍경 중 하나이다.

'백만 송이 장미'의 원곡을 들으며 노래의 모델인 화가 니코 피로스만의 고향 '시그나기'로 향했다. 사랑의 도시라 일컬어지는 시그나기에 도착하니 비가 오락가락한다. 시그나기는 절벽 위에 자리 잡은 아담한 마을이다. 800m 절벽 위 요새로 만들어진 시그나기는 요새라기보다는 '사랑의 마을'이란 이름처럼 참 예쁘다. 양털로 짠 소품들을 파는 노점들과 작은 레스토랑들이 있는 골목은 동화 속 풍경처럼 평온하고 낭만적이다.

시청사 외벽에는 아들과 어머니 등의 부조와 이름이 빼곡이 새겨진 벽이 있다. 2차 세계대전 당시 러시아군에 강제 징집돼 전사한 이들의 이름을 새겨놓은 '전사자의 벽'이다. 전쟁의 비극을 기억하고 희생자를 추모하는 공간에 마음이 숙연해진다. 길을 따라 오르니 눈앞에 펼쳐지는 탁 트인 평야 너머, 저 멀리 캅카스산맥이 보였다. 속이 후련하다.

국경 근처 도로의 양떼

조지아는 정교회 국가다. 기독교의 역사만큼 유서 깊은 교회가 많다. 조지아의 수많은 성당들은 역사의 흔적을 층층이 안고 있다. 시그나기에서 2㎞가량 떨어진 '보드베 교회'는 4세기 조지아에 기독교를 전파한 성 니노가 잠들어 있는 성지다. 성 니노의 묘역에 참배를 했다. 조지아에서는 어느 교회에서나 거의 성 니노를 만날 수 있다. 그만큼 조지아 교회에 미친 영향이 크다는 의미다. 코카서스산맥을 배경 삼아 자연에 폭 안긴 듯한 보드베 교회는 작은 시골 교회처럼 소박했지만 청결하고 우아했다. 소나기가 지난 뒤의 자연은 상쾌했다. 성 니노가 우리를 찾아와 축복을 주는 듯한 환상을 갖게 한다.

드디어 조지아의 수도 트빌리시로 향한다. 쿠라강을 끼고 아름다운 고도가 우리를 맞는다. 기대되는 도시다. 제법 늦은 저녁에 마음 맞는 일행들과 시가지 탐방에 나섰다. 쿠라강이 보이는 언덕길에서 요란한 소나기를 만났다. 자그마한 가게의 처마 밑에서, 길가 버스 정류장에서 비를 피하느라 오종종 서 있었다. 초라해 보였겠지만 내 마음은 낭만을 쫓아 강줄기로 흐른다. 호텔로 돌아가는 길에 아쉬워 택한 길은 막다른 길이었다. 나리칼라 요새의 흔적으로 보이는 허물어진 전망대의 끝은 낭떠러지와 접해 굉장히 위험해 보였고, 절벽 밑은 쿠라강의 흐린 물결이 빛을 받아 일렁이고 있었다. 약간은 두렵기도 하고 어쩐 일인지 이 모험이 설레기도 했다. 잊지 못할 트빌리시의 한 장면으로 챙겨 둔다.

2024년 9월 24일, 수도 트빌리시 인근에 있는 옛날 조지아의 수도였던 므츠헤타시의 즈바리 산 656M 정상에 있는 '즈바리 수도원'을 향한다. 역시 성 니노의 이야기가 있는 곳이다. 므츠헤타 지역은 기원전 3C~5C까지 고대 조지아 왕국(이베리아왕국)의 수도였다. 쿠라강과 아라그비강이 합류하는 지점에 위치한 므츠헤타는 도시 전체가 유네스코 세계 문화유산으로 지정되어 있는 곳이다. 4C경 성녀 니노가 조지아 왕을 개종시킨 후 바위산 꼭대기에 나무십자가를 세웠고 이곳에 수도원이 들어섰다.

즈바리 수도원은 '십자가 수도원'이란 뜻이다. 안에 들어서면 나무로 만든 십자가가 중앙에 있다. 역시 포도덩굴로 십자가를 묶은 모양새다. 꾸밈이 거의 없이 투박한 내부는 그래서 더 신성하다. 사실 이 자리는 태양신을 모신 자리였다고 한다. 성녀 니노로 인해 교회가 세워졌고 즈바리 수도원은 초기 기독교 교회의 원형을 거의 간직하고 있다고 한다. 이 교회가 코카서스 남부지역 교회들의 모델이 되었다고 하니 그 역사가 참으로 유구하다.

산정 수도원과 평지 수도원

즈바리 수도원에서 내려다보이는 므츠헤타에는 조지아에서 두 번째로 큰 '스베티츠호벨리 성당'이 있다. 이곳에는 예수가 십자가에 못 박힐 당시 입은 옷이 보관돼 있다고 한다. 예수가 숨진 후 한 조지아인이 그 옷을 가져왔다고 전해진다. 그의 누이가 옷을 끌어안으며 큰 슬픔에 빠져 죽었는데, 옷을 품 안에서 빼낼 수 없어 함께 묻었다.

그녀가 묻힌 자리에서 자란 삼나무로 성 니노가 7개의 기둥을 만들어 세웠고, 특히 하늘로 솟구쳐 올랐던 7번째 기둥에서는 모든 질병을 치료할 수 있는 고귀한 기름이 흘러나왔다고 한다.

그렇게 지어진 조지아 최초의 성당이 스베티츠호벨리 성당이다. 이름은 '둥근 기둥'을 뜻하는 '스베티'와 '생명을 준다' '사람을 살린다'는 뜻의 '츠호벨리'에서 유래됐다. 정교회 지도자가 머무는 곳인 만큼 앞선 성당들과 달리 웅장하며, 화려한 내부엔 대형 프레스코화와 성화가 그려져 있다. 하지만 프레스코화는 상당 부분 훼손돼 있었다. 성당의 외벽에는 큰 독수리와 삼위일체를 상징하는 부조가 조각되어 있었지만 곳곳이 검게 훼손되어 있었다. 외세에 의한 불탄 흔적들이다. 이곳 역시 페르시아, 티무르 등 외세의 침입을 비껴가지 못한 것이다.

성당 주변에서는 오감이 즐겁다. 도시 전체가 세계문화유산인 므츠헤타를 거닐면서 형형색색의 다양한 소품을 보고 만지며, 색다른 먹거리를 맛보는 재미가 있다. 손으로 뜨개질을 해서 만든 회색 토끼 인형을 샀다. 역시 손주 녀석 것이다. 세계를 여행하면서 곳곳에서 민준이를 본다. 그 녀석을 위해 무엇인가를 사기도 하고 글을 적

트빌리시 야경

기도 하는데 녀석을 위한다지만 어쩌면 나를 위한 위로가 아닐까 생각도 든다. 지금도 녀석이 삼삼하게 그려지는 걸 보면 나는 영락없는 한국의 할머니다.

이제 구다우리와 만년설이 덮인 카즈베키산을 향한다. 중간에 점심을 하러 들린 와인레스토랑이 참 고전적이고 드물게 아름답다. 만년설이 녹아내리는 냇물을 앞에 두고 아름다운 와인레스토랑에서 조지아식 맛있는 점심을 먹었다. 소나기는 후루룩 지나가기도 하고 햇빛이 설산에 빛을 뿌리기도 하면서 청량한 풍경이 여행 중인 우리를 위로하는 듯했다.

차는 코카서스산맥을 가로지르는 길을 달렸다. 일명 '러시아 군용도로'라 불리는 곳이다. 실크로드 대상들의 통행로였던 이곳에 러시아는 흑해 부동항으로 진출하기 위해 1799년 200㎞가 넘는 도로를 건설했다. 봄에도 눈이 녹지 않는 산악지대를 관통하는 도로 위에선 감탄이 계속된다. 낭떠러지 협곡이 연방 발밑처럼 아슬아슬하다. 풍경이 놀랍고 길이 무서워서 심장이 쫄깃 되는 것 같다. 앙 주먹을 쥔다.

산에 점점이 방목 중인 양떼와 소떼, 구름이 지나가는 협곡 등 쉴 새 없이 바뀌는 파노라마 차창 밖 풍경에 시선이 고정된다. 구다우리 전망대에서 만년설을 배경으로 사진도 찍고 전망대가 만들어진 배경 스토리도 들어 본다. 구러시아의 입장과 조지아인들의 입장이 다른 점도 이해되었으나 길이 만들어진 슬픈 역사가 안타까웠다.

카즈베기는 쉽게 곁을 내어주지 않았다. 러시아에서 남으로 내려오는 셀 수도 없는 물류 트럭이 굉장했는데 대형차의 교행이 어려운 터널 내에서 우리 차가 딱 갇혀버렸다. 경찰이 동원되고 운전기사의 불같은 성화에 겨우 길이 트여 다행히 통과되었다.

 카즈베기산! 인간을 위해 불을 훔친 프로메테우스가 산에 묶인 채 독수리에게 간을 쪼이는 형벌을 받았다는 신화의 땅이다. 러시아와 국경 지역인 이곳은 채 20키로가 안되는 곳에 러시아와 국경을 접하

고 있다. 그리고 조지아인들의 정신적 고향인 '게르게티 삼위일체 성당'이 있는 곳이기도 하다. 해발 2000m에 위치한 성당을 향해 4륜구동 지프차로 갈아탄 뒤 거친 흙길을 올라갔다.

 노을이 진다. 만년설이 덮인 장엄한 카즈베기산을 배경으로 게르게티 성당이 모습을 드러내는 순간, 어떤 말도 나오지 않을 만큼 감동적이다. 성당을 품고 있는 카즈베기 자체가 영적인 공간이었다. 먹구름이 주위를 뒤덮자 선명한 시야가 사라지는 대신 몽환적인 분위기가 감돈다. 현실감이 느껴지지 않았다. 여기 발 딛고 있는 것만으로도 신성이 깃드는 것 같다. 저기 어딘가 신화 속 이야기가 펼쳐질 것만 같았다.

 삼위일체 성당을 돌아 내려 스키마을인 구다우리에 있는 마르코 폴로 호텔로 향한다. 눈이 내리는 겨울에는 숙박을 예약할 수 없을 만큼 붐빈다고 한다. 참 아름다운 역사 깊은 호텔이다. 수영장에서 수영도 하고 조금 다른 문화가 낯설다. 남녀가 같이 들어가는 사우나도 이용하고, 이층으로 나뉜 넓은 숙소에서 피로를 푼다. 꿀잠을 잘 것 같다.

 25일 굽이굽이 구다우리 길을 내려 산과 호수의 조화 속에 아름답게 서 있는 아나누리 요새를 갔다. 아나누리 성체 옆 아래로 흐르는 강처럼 보이는 곳은 진발리 호수다. 구 러시아 시절에 아라그비강을 막아 댐을 만든 인공호수라고 한다. 아나누리 성체는 16세기에 이곳을 다스리던 영주가 성을 쌓아 요새를 만들고 요새 안에 성당을 건축하였다고 한다. 성안은 낡고 허물어져 있어 안타까움이 일었다. 그러나 자연과 어우러진 외곽 모습은 사진으로 담기가 부족할 정도로 아름다웠다.

스탈린 박물관

고리에 있는 스탈린 박물관과 생가를 방문했다. 역사적인 인물로서의 의미는 두고라도 조지아 지역 출신인 것을 이번 여행으로 알게 되었으며, 어머니 교육의 중요함을 배우는 순간이기도 했다. 고대동굴 도시인 우플리스치헤를 방문했는데 이곳에는 바위를 뚫어 동굴집을 짓고 청동기 시대에 사람들이 살았던 흔적이 있다. 원주민들은 이곳에 수도원을 세우고 그들의 신앙을 지켜왔다. 신기했던 점은 곳곳에 남은 와이너리의 흔적들이다. 또한 물류의 교류가 활발하게 이루어졌음을 알 수 있었다. 이는 발견되는 시대별 나라별 각종 동전들로 인해 알 수 있다고 한다.

트빌리시로 돌아왔다. 저녁은 만찬이다. 기대되었다. 조지아식 민속공연과 조지아식 민속음식과 포도주의 향연이다. 드레스 코드를 말하는 가이드가 재미있다. 나름 분홍색 원피스와 숄로 치장을 하고 힐을 신는다. 규모가 제법 큰 극장식 레스토랑에서 두어 시간을 넘겨 만찬을 즐겼다. 옆 테이블의 폴란드 팀에서 일행들이 모두 일어서서 합창을 한다. 우리 팀도 질세라 '돌아와요 부산항'을 합창했다. 참 즐겁고 행복한 조지아 트빌리시의 밤이다. **(최명아)**

* 대담 *

한국은 제2의 모국이에요!

● 현지 가이드와 나눈
7문 7답

초대 손님 나티아(Natia)
대담자 박하(시인)

코카서스 3국 여행 당시, 우리 일행을 안내했던 현지 한국어 가이드를 초대하여 '7문 7답' 대담을 가졌습니다. 이 대담은 이메일을 통해 이뤄졌습니다.

—편집자 주

#1. 나 여사님, 반갑습니다! 아직도 처음 만났을 때 하신 말씀이 생생합니다. "저는 조지아 가이드 나티아입니다. 발음이 어렵다면 그냥 '나 여사'라고 불러주세요." 자기소개와 한국과의 인연에 대해 말씀 부탁드립니다.

나티아(Natia) 안녕하세요! 조지아 현지 프리랜서 가이드 나티아입니다. 저는 조지아에서 태어나고 자랐습니다. 어릴 적부터 역사를 좋아했고, 특히 동아시아 문화에 큰 관심이 있었어요. 한국에 대해서는 학창 시절 역사책에서 본 문장이 아직도 잊히지 않습니다. "대한민국 1인당 국민소득이 89달러에서 2만 달러가 되었다." 당시 제 머릿속에는 한 단어가 맴돌았죠. "어떻게?"

천연자원이 많지 않고, 전쟁으로 황폐해진 분단국가가 이런 성과를 낼 수 있다니요! 이후 한국어를 독학하며 역사와 문화를 탐구하기 시작했습니다. 대학에서는 동양학과에 입학해 한국어 공부에 매진했고, 국비 장학생으로 한국에 유학까지 오게 되었죠. 한국은 제 두 번째 고향 같은 곳이에요.

#2. 나 여사님의 유창한 한국어 실력에 모두가 감탄했습니다. 어떻게 그렇게 잘 배우셨나요?

나티아(Natia) 사람이 선택할 수 없는 두 가지가 있죠. 부모님과 모국. 하지만 저는 제 인생에 두 번째 '모국'을 만들었어요. 바로 대한민국입니다. 언어를 배우며 역사, 문화, 경제 등 모든 걸 사랑하게 됐습니다.

한국어 학습에는 저만의 비법이 있어요. 선생님께 배운 세 가지 방법인데요, 바로 "많이 듣고, 많이 읽고, 많이 쓰기"예요. 이를 실천하기 위해 드라마 "풀하우스"를 3000번 이상 봤어요. 처음엔 영어 자막으로, 나중엔 한국어 자막으로, 마지막엔 대사를 외울 정도로 반복했죠.

좌측부터 보성녹차밭, 울산 현대중공업, 태권도 수련 중(1990년대 한국 유학시절)

한국어는 정말 끝없는 도전이에요. 한글은 하루 만에 배웠지만 문법, 발음, 한자는 계속 공부해야 하거든요. 그래도 매 순간 즐겁습니다!

#3. 조지아는 산악 트레킹 말고는 할 게 없다는 편견이 있는데요, 어떻게 풀어주실 건가요?

나티아(Natia) 그건 정말 큰 오해입니다! 조지아는 다채로운 매력을 가진 나라예요. 우선 세 가지를 꼽아보겠습니다.

첫째, 역사 도시 탐방: 수도 트빌리시와 고대 수도 므츠헤타를 비롯해 동굴도시 우플리츠케(Uplistsikhe)와 유네스코 마을 우쉬굴리(Ushguli) 같은 독특한 장소가 많아요.

둘째, 온천과 휴양: 트빌리시의 전통 온천에서 여행의 피로를 풀 수 있습니다.

셋째, 음식과 와인 투어: 조지아 전통 음식과 와인만으로도 여행의 가치는 충분하죠.

산악 트레킹은 조지아의 매력 중 지극히 작은 일부일 뿐입니다. 직접 오셔서 더 많은 것을 느껴보세요!

#4. 트빌리시의 숨은 매력을 세 가지 꼽아주신다면 어떤 걸 들겠습니까?

나티아(Natia) 첫째, 아반토보 거리: 예술과 독특한 카페들이 모인 트렌디한 거리입니다.

둘째, 메테히 언덕의 일몰: 쿠라강과 도시의 풍경이 한눈에 펼쳐지는 곳이에요.

셋째, 지열 온천: '따뜻한 물의 도시'라는 이름답게 황토 온천에서 특별한 힐링을 경험할 수 있습니다.

#5. 조지아 와인을 자랑 좀 해주세요!

나티아(Natia) 조지아는 세계에서 가장 오래된 와인 생산국으로 약 8000년의 전통을 자랑합니다. 특히, 크베브리(Qvevri) 항아리에서 발효된 와인은 자연스러운 맛과 깊은 풍미로 유명하죠. 와인 애호가라면 꼭 한번 조지아 와인을 경험해 보세요. 한 잔만 마셔도 조지아의 매력에 빠지실 겁니다!

#6. 고리의 스탈린 박물관에 가보고 놀랐습니다. 스탈린을 두고 조지아인들은 어떤 시각을 가지고 있나요?

나티아(Natia) 스탈린은 조지아인들에게도 복잡한 인물입니다. 그는 조지아 출신으로 러시아 제국의 지배를 반대하며 혁명에 뛰어들었지만, 공포 정치로 인해 많은 조지아인들이 고통을 겪기도 했죠.

스탈린의 유산은 조지아에서도 엇갈린 평가를 받습니다. 그의 고향 고리에는 박물관이 있지만, 오늘날 조지아인들은 그의 업적보다는 독재와 억압의 상징으로 기억합니다.

스탈린 박물관 전경(스탈린 생가)

#7. 조지아와 러시아의 관계는 어떤가요?

나티아(Natia) 조지아와 러시아의 관계는 복잡하고 갈등의 역사가 깊습니다. 소련 시절 인프라 발전에 도움을 받았지만, 자주성을 상실한 대가를 치러야 했죠. 독립 이후에도 러시아와의 긴장은 계속되고 있으며, 특히 2008년 전쟁 이후 반감이 커졌습니다.

경제적으로는 여전히 러시아와의 연결을 완전히 끊기 어렵지만, 조지아인들은 독립성과 자주성을 중요시하고 있습니다.

트빌리시에서의 시간이 정말 특별했습니다. 다음에 또 방문하시면 더 깊고 다채로운 조지아의 매력을 소개해 드릴게요. 초대해 주셔서 감사합니다!

나티아 여사 가족

3부

아르메니아 편

세반 호수 배경의 수도원 전경

낯선 땅에서는 현지인처럼 행동하라

– 아르메니아 속담

근현대사 10대 사건

1915년	아르메니아인 집단학살:
	오스만제국에 의해 학살당함.
1918년	아르메니아 제1공화국 독립:
	러시아제국 붕괴 후 독립 선언
1922년	소비에트 연방 합병:
	아르메니아가 소비에트 연방의 일원이 됨
1991년	소련 해체와 독립 선언:
	소련 해체 후 독립을 공식 선언
1988~1994년	나고르노 카라바흐 전쟁:
	아제르바이잔과의 영토 분쟁
2015년	헌법 개정 및 대통령제에서 의원내각제로 변경
2018년	벨벳 혁명:
	부패한 정부를 무너뜨리고 민주적 개혁을 이끔.
2020년~	러시아와의 관계 변화:
	러시아 의존에서 벗어나려는 시도
2020년	나고르노 카라바흐 분쟁 재발:
	아제르바이잔과의 무력 충돌 재개
2022년~	경제 및 정치 개혁 노력 지속

아르메니아 벨벳 혁명(2018년)

　부패와 독재에 반대하는 평화적 시민 혁명으로, 아르메니아의 정치적 변화를 이끌었습니다. 당시 총리였던 세르지 사르키시안이 연임 제한을 피해 총리직으로 권력을 유지하려 하자, 시민들은 이를 반대하며 대규모 시위를 벌였습니다.

　니콜 파쉬냔이 이끈 시위는 전국적으로 확산하였으며, 평화적이고 조직적인 방식으로 진행되었습니다. 결국 사르키시안은 사임했고, 파쉬냔이 총리로 선출되었습니다. 이 혁명은 비폭력으로 이루어진 민주주의 승리로 평가받으며, 아르메니아 사회에서 시민의 권리와 참여를 강조하는 계기가 되었습니다.　-챗gpt 4o

열흘간의 예레반

 여행을 시작한 지 네 달째. 중동 여행을 앞두고 아르메니아의 수도 예레반에서 몇몇 친구와 합류하기로 한 날이 다가왔다. 그동안 기차와 버스로 오랜 시간을 이동해 온 나는 몹시 지쳐 있었다. 여행은 낯선 즐거움만큼이나 예상치 못한 피로를 안겨주었다. 나는 편안한 시간을 간절히 원했다. 예레반에서 그간의 여행 피로를 씻고, 새로운 여정을 준비하는 작은 휴식의 시간을 가지리라 마음먹었다. 그때는, 예레반에서 만난 이들과 나눈 소소한 일상이 아르메니아를 떠올릴 때마다 나를 미소 짓게 할 줄은 몰랐다.

예레반의 리듬에 녹아들다
 예레반에 도착한 첫날, 숙소 앞 스포츠 센터에 등록했다. 아침 7시부터 저녁 11시까지 헬스, 수영, 요가 프로그램을 자유롭게 이용할 수 있었다. 비록 열흘간의 짧은 시간이었지만, 체력 회복을 위해 규칙적인 운동을 하기로 했다. 그래서 아침 일찍 운동하고, 낮에는 도시를 둘러보고, 저녁에는 다시 체육관에 들러 운동하며 하루를 마무리했다. 그러다 보니 예레반의 리듬이 조금씩 몸에 익기 시작했다. 마치 동네 사람이 된 듯했다. 운동을 마치고 스포츠 센터 직원들과 이야기를 나누고, 게스트하우스 할머니와 슈퍼 직원과 인사를 주고받았다. 어느덧 예레반이 일상으로 스며들었다.

카린과의 만남은 그중에서도 특히 따뜻한 기억으로 남아 있다. 카린은 요가 교실에서 처음 만났다. 수업이 아르메니아어로 진행되다 보니 동작을 곁눈질로 따라 하다가 자주 틀리곤 했다. 그때마다 카린이 다가와 하나하나 자세를 고쳐 주었다. "진, 그거 아니야. 이렇게 해. 이렇게."라며 그녀는 수업 틈틈이 나를 도왔다. 그녀가 호흡과 동작을 하나하나 교정해 줄 때면, 마치 오랜 친구가 된 듯한 기분이 들었다. 수업 후에는 한국에 두고 온 친구를 만난 것처럼 수다도 떨었다.

"진, 나는 공화국 광장 바로 앞에 있는 정부 청사에서 일하고 있어. 국가공무원이야."
"진, 너 한국에서 왔다고 했지? 나는 한국에 대해 아는 게 거의 없어. 한국 친구가 생긴 건 네가 처음이야."

카린은 자신의 고민도 나에게 털어놓았다. 결혼 적령기에 접어든 자신이 일과 가정 중 어떤 것을 택해야 할지 고민이 된다고도 했다. 언젠가 한국과 일본, 중국을 여행해 보고 싶다고 했다. 자신의 이야기를 들려주던 그녀의 눈빛에는 외국어를 배워 언젠가 한국을 비롯한 다른 나라를 방문하고 싶다는 작은 희망이 담겨 있었다.

"진, 우리가 좀 더 일찍 만났더라면 좋았을걸. 아쉬워. 이건 내 작은 선물이야."
"고마워. 나는 아무런 준비도 못 했는데."
"괜찮아. 아주 작은 거야. 나와 아르메니아를 기억하면 좋겠어."
"당연하지. 내가 어떻게 널 잊겠어. 정말 고마워."

예레반에서의 마지막 날, 카린이 작은 펜던트와 그림 엽서를 손에 쥐여주었다. 갑작스러운 선물에 나는 당황하면서도 감사를 전했다. 지금도 그 펜던트를 착용하거나 아르메니아 풍경이 담긴 엽서를 넘길 때면 그때의 예레반과 카린의 얼굴이 선명하게 떠오른다. 우연히 찾아드는 낯선 이에게 정성을 다해 친구로 대해주던 카린. 가끔 페이스북에 남기는 그녀의 근황을 보며 언젠가 예레반을 다시 여행하겠다고 마음먹는다.

한국을 꿈꾸는 소녀, 다이나

"다이나, 한국에 관심이 많다고 했지? 어떻게 한국을 알게 된 거아?"

 예레반에서 또 한 명의 특별한 친구가 생겼다. 고등학교 3학년인 다이나였다. 그녀는 한국 드라마를 통해 한국어와 한국 문화를 접했고, 그것을 계기로 한국에서 공부하고 싶다는 소망을 가진 소녀였다. 다이나는 예레반을 찾은 한국인 여행자를 도와주고 한국어를 익히며 한국을 꿈꾸고 있었다. 한국어에 대해 궁금한 것이 있으면 질문하라고 했더니 대뜸 TV에 자주 등장하는 어휘들을 물었다.

 "선생님, 권태기가 뭐예요?"

 나는 웃음을 참을 수 없었다. 다이나는 드라마에 나오는 어휘와 표현에 유난히 호기심이 많았고, TV 속 한국에 대한 기대와 환상을 가지고 있었다. 나는 아직도 사람 사는 정이 살아있는 곳에 사는 다이나가 혹시라도 드라마와는 다른, 비정한 삶의 이면에 상처받지는 않을까 걱정도 되었다.
 "선생님, 몸은 좀 괜찮으세요? 같이 식사하고 싶었는데, 아쉬워요."
 "고마워. 좀 괜찮아졌어. 나도 아쉬워. 건강하게 잘 지내고, 다음에 한국에 꼭 와."
 "네, 예레반 떠나시기 전에 꼭 다시 뵈었으면 좋겠어요."

예레반 거리풍경

며칠 몸살로 호스텔에 누워 있던 내게 수시로 연락해 안부를 물어 주던 다이나는, 떠나는 날 손뜨개질로 직접 짠 양말을 선물로 주었다. 조그만 체구에 큰 눈망울을 가진 다이나는 "선생님, 아프지 마세요. 따뜻하게 다니세요."라며 조용히 내 손을 잡고 작별 인사를 했다. 공항으로 떠나오는 길, 나는 길거리에서 그녀를 꼭 안아 주었다. 단지 한국인이라는 이유만으로 나에게 많은 친절을 베풀어준 다이나의 꿈이 이루어지기를 바랐다.

다이나가 그랬던 것처럼, 예레반에서 만난 사람들은 한눈에도 외국인으로 보이는 내가 한국인이라는 걸 알게 되면 대체로 환대했다. 현대, 기아, 삼성, LG 등의 기업을 거론하며 우리나라가 최고라는 듯 엄지를 세우기도 했다. 숙소의 직원 한 사람은 여동생이 연세대학교 석사과정에 입학했는데, 방학을 맞아 일시 귀국했다며 전화 연결을 해주기도 했다. 택배를 찾으러 간 우체국에서 알게 된 직원 한 사람은 부산으로 벚꽃 구경을 하러 가기 위해 항공권을 예약했다며 반가움을 드러내기도 했다. 우리나라를 인정해 주어 다행이라는 생각이 들면서 한편으로는 책임감도 느껴졌다. '우리는 과연 잘하고 있는 것일까? 어쩌면 그들이 우리의 허상만 보는 것은 아닐까?' 하는 걱정도 되었다. 한국으로 돌아가면 우리나라를 찾는 사람들에게 더 따뜻한 마음으로 대해야겠다는 생각도 했다.

상처를 간직한 나라, 아르메니아

아르메니아는 우리나라만큼이나 역사적인 아픔을 겪은 나라다. 조지아, 터키, 이란, 아제르바이잔과 국경을 맞대고 있지만, 그중 일부와는 여전히 갈등 관계에 있었다. 특히 아제르바이잔과는 두 나라를 직접 오가는 일도 금지되어, 두 나라를 오가려면 반드시 이웃 나라를 거쳐야 했다. 나 역시 아제르바이잔을 여행한 후 이스탄불에서 예레반으로 입국했는데 출입국관리소에서 긴장해야 했다.

"그 나라를 갔다 왔군요. 왜 갔지요"
"네? 그 나라요? 무슨 말이에요?"
"여기, 당신 여권에 그 나라 출입국 스탬프가 있잖아요. 왜 갔어요?"
"저는 여행자예요. 단지 여행으로 갔을 뿐이에요."

새벽 3시에 도착한 예레반 공항에서는 여권에 찍힌 아제르바이잔 여행 기록을 문제 삼았다. 아르메니아와 아제르바이잔의 많은 사람은 상대국의 이름도 입에 담지 않았다. 필요한 경우 '그 나라'라는 표현을 쓸 뿐이었다. 출입국관리소 직원이 요구하는 온갖 서류들을 다 제출했는데도 한참 동안 나를 붙잡아 두었다. 모든 여행자가 빠져나가고도 한참 후에야 겨우 공항을 빠져나올 수 있었다.

터키와도 아픈 역사를 공유하고 있었다. 이스탄불에서 사 온 디저트를 게스트하우스 할머니께 드렸을 때였다. 할머니는 "이것, 혹시 터키에서 가져왔어요?"라며 살짝 당황한 표정을 지으며 디저트를 밀쳐냈다. 영문을 몰랐던 나는 제노사이드 기념관을 다녀오고 나서야 할머니의 표정에 담겼던 마음을 이해했다.

예레반 외곽에는 제1차 세계대전 당시 터키의 전신인 오스만제국에 의해 학살된 150만 명의 아르메니아인을 추모하는 제노사이드 기념관이 있다. 단순한 호기심에서 시작한 방문이었지만, 기념관을 돌아보며 터키와 아르메니아 간의 갈등을 알게 되었고, 할머니를 비롯한 아르메니아 사람들이 가진 역사적 아픔이 얼마나 깊은지 조금이나마 이해할 수 있었다.

세계 최대의 주상절리. 가르니 계곡

물론 다른 관점을 가진 사람도 있었다. 수영장에서 친해진 할머니 한 분은 아픈 역사적 사실을 잊지 않아야 하겠지만, 인간이 가진 두 면을 함께 봐야 한다고 말씀하셨다. "인간에게는 양면성이 있어요. 선한 면도 있고, 악한 면도 있는 거지요."라며 역사적인 사실에만 매몰되어서는 안 된다고도 했다.

내 마음에 남은 예레반의 온기

여행으로 잠시 스쳐 지나는 것과 그곳에 머물며 사는 일은 다르다는 것을 우리는 안다. 그래서 오랜 여행자는 한 도시를 빨리 스쳐 가기보다 오래 머물며, 일상을 살듯이 여행하는 것을 소망한다. 완벽하게 그 도시를 알 수는 없어도 도시의 결과 속살을 느끼고, 주민들의 마음에도 가닿을 수 있기 때문이다. 세계 여행을 다녀온 내게 사람들이 오래 살고 싶은 도시를 말해 보라고 할 때면 예레반을 떠올린다.

짧은 열흘이었지만, 예레반은 내 마음에 잔잔하게 자리 잡고 있다. 공화국 광장의 조용한 밤거리, 세반 호수의 거센 바람 속에서 느껴지던 따뜻함, 아자트 계곡과 성채 도시 가르니에서 만난 사람들의 소박한 웃음은 지금도 내 기억 속에 남아 있다. 예레반은 단순히 코카서스 3국 중 하나가 아닌, 사람과 사람 사이의 따뜻한 소통이 살아 있는 곳이었다. 언젠가 다시 그곳을 찾을 날이 오기를, 나를 맞아준 예레반의 친구들과 그곳의 고요한 매력을 다시 만날 수 있기를 바란

다. (강진숙)

제노사이드 기념관(예레반)

실크로드와 아르메니아 문화

아르메니아는 내륙에 갇혀 있는 나라다. 인접국 아제르바이잔은 카스피해를 품고 있고, 조지아는 흑해에 맞닿아 있다. 물론 한때는 페르시아 제국에 속해 있었고, 한때는 오스만제국에 속해 있기도 했다. 지금은 내륙에 갇혀 있는 형국이지만 과거에는 실크로드의 중간 역참 격으로 번영을 누렸다고 한다.

그렇다면 그 증거를 어디서 찾아볼 수 있을까? 바로 건축 유적을 살펴보면 알 수 있다. 아르메니아 역시 실크로드를 통해 페르시아, 비잔틴, 이슬람 등의 영향을 받았다. 말하자면 다양한 요소들이 조화롭게 융합되었다는 말이다.

놀라운 점은 강대국들 사이, 러시아, 이란, 터키 들에 둘러싸인 채 장구한 세월 동안 영토 갈등, 종교 갈등을 겪어왔는데도, 전통문화 유적과 현대식 건물들이 아름답게 조화를 이루고 있다는 점이었다.

이 글에서는 필자가 인상 깊게 본 아르메니아의 고대건축과 수도 예레반을 대표하는 계단식 공원을 소개하기로 한다.

가르니 신전과 하가르신 수도원
가르니 신전(Garni Temple): '이곳에 웬일로 파르테논 신전이 있는 거야?'

나뿐만 아니라 일행의 반응도 대체로 비슷했다. 가르니 신전은 로

마식 헬레니즘 건축의 영향을 받았고 1세기에 건축되었다고 한다. 단순한 비약 같지만, 물이 높은 곳에서 낮은 곳으로 흘러가듯이, 건축 기술 역시 높은 곳에서 낮은 곳으로 흐르게 마련이다.

가르니 신전은 그리스의 신전 건축 기술이 이곳으로 흘러왔다는 확실한 증거로 보였다. 여행하는 동안 아제르바이잔에서 석조 신전, 조지아의 산정 수도원 등도 둘러보았다. 하지만 이곳의 가르니 신전은 그 형식이 전혀 딴판이었다. 신전 건축에서 좀체 보기 드문 그리스-로마 양식의 열주(기둥)와 비례를 유지한 설계는 아르메니아가 헬레니즘 문화권과 교류한 게 분명해 보였다.

하가르친 수도원(Haghartsin Monastery): 하가르친 수도원은 깊은 산속에 있었다. 과연 어떤 신도가 이 깊은 산 속까지 기도하러 올까 싶었다.

이 수도원은 아르메니아의 중세 수도원 건축을 대표하는 것으로, 10~13세기에 걸쳐 지어졌다. 실크로드를 통한 교류의 영향을 받은

이 수도원은 복잡한 석조 장식과 돔 구조가 특징인데, 특히 하가르진 수도원은 주변 자연과 완벽하게 어우러져, 자연 친화적 설계 전통을 잘 보여준다.

일전에 조지아의 즈바리 수도원이나 카즈베기산의 게르하트 수도원이 산꼭대기에 있었다면, 이곳 하가르진 수도원은 깊은 산속에 있다는 게 다를 뿐, 석조 건축 형식은 엇비슷해 보였다.

캐스케이드 콤플렉스(Cascade Complex): 수도 예레반의 랜드마크 중 하나로, 1970년대 건립한 계단식 공원이다. 우선 도심 한복판에 이렇게 대규모 공원을 조성해 놓았다는 사실이 선뜻 이해가 안 간다. 사회주의 정권에서나 가능한 일이지 자본주의 국가에서는 감히 엄두도 내지 못할 일이다.

계단식 구조물 아래에는 널따란 정원이 펼쳐져 있다. 이곳 정원 양쪽으로 통행로에는 세계 유명 조각가들의 작품들이 서 있다(아래 사진). 그중에는 우리나라 조각가 지용호의 작품 사자도 있는데, 놀랍게도 폐타이어로 만든, 이른 바 '정크아트(Junk Art)'였다. 뜻밖의 반가운 조우에 일행은 사자 조각상 앞에서 단체 사진을 찍었다.

정원을 지나 층층이 계단을 오르는데, 놀라운 게 또 있다. 계단 아래로 들어가면, 그 아래 에스컬레이터가 있고, 양옆으로 갖가지 조각

상이 전시되어 있다. 그뿐 아니라 별도로 미술관도 있는 게 아닌가.

자본주의 도시에는 캐스케이드 콤플렉스 같은 규모의 공공시설이 들어서기 어렵다. 왜냐하면 도시의 땅들이 대부분이 개인 소유이기에 토지 수용이 지극히 어려울 뿐만 아니라 설령 땅 주인이 토지 수용에 응한다고 해도 토지보상비가 천문학적이기 때문이다. 이번 여행에서 개인적으로 가장 인상적인 곳이었다.

코카서스 3국의 미래(대형 인프라 프로젝트)

'세상은 갈수록 평평해진다.' 미래학자 프리드먼의 말이다. 이 말처럼 세월이 가면 갈수록 도시별 격차는 물론 나라별 격차도 줄어들게 마련이다. 물론 저절로 격차가 줄어들 수는 없다. 격차가 줄어들고 마침내 평평해지려면 우선 물리적인 교통시설이 증설되어야만 한다. 지역간 고속도로, 고속철도, 송유관 시설 등이 도시와 도시, 나라와 나라를 관통함으로써 격차가 줄어드는 것이다.

이런 취지에서 2024년 현재, 계획 중이거나 조만간 착공 예정인 몇 가지 거대 인프라 프로젝트를 살펴보자.

트랜스 카스피안 운송 회랑(Trans Caspian Sea Corridor)

카스피해 횡단 운송 회랑은 일명 TITR(Trans-Caspian International Transport Route)이라고도 한다. 말 그대로 카스피해를 횡단하는 것으로 중앙 아시아(카르키스탄)과 코카서스 3국을 통과하는 프로젝트이다.

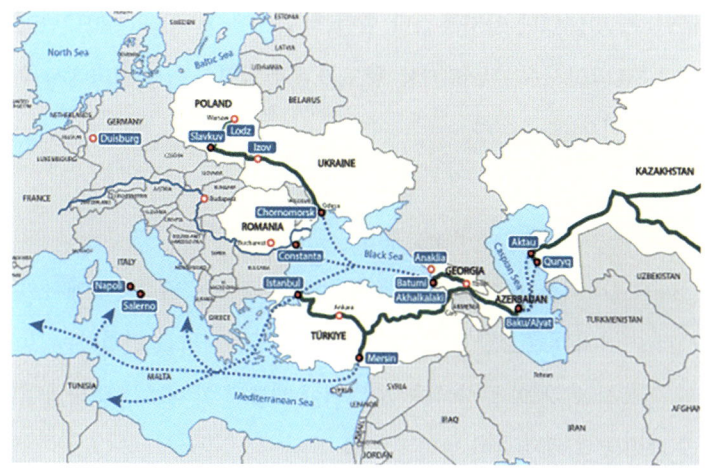

주요 루트는, 카자흐스탄, 카스피해, 아제르바이잔, 조지아, 터키(선택 사항)를 경유하여 동남아시아와 중국에서 유럽으로 가는 무역로이다. 러시아를 통과하는 북쪽의 북부 회랑과 수에즈 운하를 경유하는 남쪽의 해양 경로에 대한 대안이다.

지리적으로 이 중간 회랑은 중국 서부와 유럽을 잇는 가장 짧은 경

로이다. 2014년에 카자흐스탄 횡단 철도가 완공되었고, 2017년에 바쿠-트빌리시-카르스(BTK) 철도가 운행되면서 일부 지역에서 주요 개발이 진행 중이다.

BTK(Baku-Tbilisi-Kars) 철도

아제르바이잔, 조지아, 터키를 잇는 BTK 철도는 카스피해에서 흑해로 이어지는 중요한 물류 경로로, 유럽과 아시아를 연결하는 "동서 간 육상 회랑"의 중심이다. 2017년에 개통된 이 철도는 중국과 유럽 간의 물류에 중요한 역할을 한다.

남북 간 운송 회랑(North-South Transport Corridor, NSTC)

아제르바이잔은 이란, 러시아와 협력하여 NSTC라는 프로젝트를 진행 중이다. 이 회랑은 인도, 이란, 아제르바이잔을 거쳐 러시아와 유럽을 연결하는 물류 경로로, NSTC는 중국의 '일대일로' 정책과도 연결되어, 더욱 활성화될 것으로 보인다.

결론적으로, 코카서스 3국은 단순히 2024년 국민소득 지표만으로 후진국이라 간주할 수는 없다. '경계에서 꽃이 핀다'는 어느 시인의 말처럼 나라와 나라 사이의 경계인 국경에서 사시사철 꽃이 피도록 해야 한다. 주변 강대국과 코카서스 3국 간의 경쟁과 협력을 통해, 경계를 유명무실하게 만들 때, 그곳에 피는 꽃들은 더욱 화려할 것만 같다. **(박하)**

아르메니아, 가장 낯선 나라

코카서스 3국 중 아르메니아가 제일 생소했었다. 지도를 펴놓고 보는 순간 나라의 위치나 모양이 예사롭지 않다. 주변 국가들과 맞닿은 국가의 경계선 모양은 봐왔던 국가 경계 중 제일 복잡하고 부정형 모습이다. 특히 아제르바이잔의 영토를 분리하여 길게 뻗은 모습, 주변 국가로 둘러싸여 끼어있는 지정학적 위치 등이 역사가 쉽지 않았음을 알게 된다. 이제 조지아에서 코카서스 3국의 마지막 여행지 아르메니아를 육로로 통해서 들어갈 예정이다.

아제르바이잔과의 분쟁 때문에 대부분 조지아를 통해서 아르메니아로 넘어간다. 유럽인지 아시아인지 애매하게 걸쳐 있는 나라이니 사실 아르메니아는 코카서스 3국 중 가장 궁금한 나라이기도 하다. 이제 세반 호수와 아라라트산의 정기를 받으러 아르메니아로 간다.

예레반

어젯밤 만찬에서 나도 아내도 와인을 많이 마셨다. 과음 탓으로 수도 예레반으로 가는 버스 안에서 아내는 멀미 증세를 보인다. 아르메니아 국경선에 있는 화장실은 1960년대 우리나라 푸세식 변소 수준이라 속정리(?) 하기를 포기한다. 그래도 잘 견뎌주고 무면허 의료진들이 제공한 처방이 잘 들었던 모양이다. 무면허 의료인이라도 그날만큼은 최소한 나에겐 명의다.

아제르바이잔과 조지아 그리고 아르메니아로 국경을 넘는데 사람 모양새와 산하의 모습이 다른 게 신기하다. 우리가 중국과 일본처럼 말이 다르고 대륙과 섬이라는 지리적 특성이 다르지만, 생긴 모습으로는 크게 다르지 않지만, 코카서스 3국은 사람의 얼굴이나 체형이 너무도 다르다. 아제르바이잔은 사람들의 키가 크고 눈의 색이 완전히 푸르진 않고, 아시아의 영향을 받은 얼굴인데 반해, 조지아는 키는 작고 덩치는 커졌으며 눈색이 완전 유럽인과 같은 눈을 가지고 있다. 아르메니아는 지금 도착해서 알 수 없으나 유럽으로 더 가까운 영향이 있는지 완전한 서양형이다.

아제르바이잔엔 고양이가, 조지아에는 개가, 아르메니아는 개와 고양이가 많다. 식당 앞엔 언제나 사람에게 먹을 것 갈구하는 반려동물들이 언제나 진을 치고 있다. 애절한 눈빛을 보내지만 다가오진 않는다. 사람도 동물들은 내쫓지 않고 동물들도 사람들을 피하지 않는다. 주인 없이 떠도는 개에 인식표를 달아 예방접종 등 이력을 입력하여 관리하고 있다니, 우리와 다른 동물 사랑을 보여준다.

세반 호수
서울의 두 배 면적 세반 호수를 둘러보고 호숫가에 있는 식당에서 식사를 한다. 송어튀김이 나오고 종이처럼 얇게 구워낸 종이빵을 야채와 곁들여 먹는데 맛이 나름 괜찮다. 빵과 치즈 등 즐겨 먹지 않는 음식들을 일주일 이상 먹고 있다. 그것 이외에는 먹을 것이 없어서 그런지 이제 먹는 일에는 적응이 된다. 나라마다 빵의 모양이나 맛 그리고 구워내기의 정도가 다 다름을 알게 된다. 갓 구워낸 따스한 빵과 고수와 비슷한 야채를 버무린 장에 곁들여 먹는데 별미이다.

과일은 똑같은 것 같은데 조지아의 것이 맛이 덜했다. 우즈벡과 아제르바이잔에서의 멜론 맛이 최고였다. 아르메니아서는 모든 과일이 싱싱했고, 검은색 자두가 특히 맛있었다. 포도의 고장이라고 하는 조지아의 과일은 맛이나 신선도는 3국 중 1위였다.

1시간 차를 타고 아르메니아의 수도 예레반으로 들어오는데 날이 저물었다. 시외곽 마을에는 불이 들어와야 할 시간인데 전력난 때문인지 불이 켜진 집은 하나도 없고, 집이 비워져서 사람이 살지 않는 것인지는 알 수 없다. 역시 여기도 수도집중 현상이 있다. 인구 350만 중 140만이 예레반에 산단다.

아침 트빌리시 호텔에서부터 현지인과 대화를 해야 하는 일이 생겼다. 말이 통하지 않으니 서로 난망難望하기는 마찬가지다. 만국 공통어인 보디랭귀지를 동원해도 말이 잘 통하지 않기에, 서로 각자의 언어로만 말할 뿐이다. 영어단어 몇 개를 다른 것으로 바꿔 조각내 말을 이어 붙이니 이제야 알아듣는다.

사람에겐 '말본새'가 중요하다. 말본새는 말하는 태도나 모양새를 말한다. 사람의 첫인상 중 얼굴 생김새나 말하는 것 자체보다, 그 사람이 입고 있는 옷과 몸짓, 말하는 태도가 훨씬 영향을 더 미친다고 한다. 서로의 뜻을 전달하고, 알아듣고 하는 말은 외국에선 당연히 통하지 않는다. 급하고 답답하다 해서 얼굴을 찡그리거나 재촉하면 곤란하다. 상대는 나보다 더 당황하고 자기가 할 수 있는 말만 하므로 그건 대화가 되질 않는다. 말이 통하진 않지만 진심어린 태도로 사정을 하거나 적당한 단어를 조합해서 천천히 말하면 대부분 뜻도 통하게 된다.

주상절리, 돌의 교향악(Simpony of Stones)

여행지의 특성보다 사람들의 행동과 문화적인 특징에 대해서 글을 쓰고는 있으나, 오늘 오후에 갔던 곳은 이야기를 하지 않을 수 없다. 주상절리를 간다고 했을 때 아르메니아에 바다가 없는데 어떻게 주상절리가 있나? 특히 제주에 사는 사람으로서 제주에 있는 주상절리만 상상했었다.

예레반에서 24km 정도 떨어진 곳. 식사 후 피곤해서 버스에서 잠이 들었었다. 도착했다는 가이드의 목소리에 깨어서 주상절리 쪽으로 가는데 큰 산 두 개가 갈라지듯 골세를 형성하고 있는 계곡으로 들어가는 게 아닌가.

가는 길 오른쪽으로는 작은 계곡이 흐르고 있었고, 5분 정도 후에 나타난 주상절리의 모습에 '과연 이게 뭐지? 어떻게 이런 곳에 이렇게 크게 그리고 길게?' 라는 온갖 의문과 감탄사가 섞여 나온다. 높이를 알 수 없이 단주가 세워져 있는 수많은 주상절리. 그리고 동굴처럼 들어간 곳에 큰 포도송이를 매단 것처럼 주렁주렁 달린 육각형

의 돌조각들이 끼리끼리 강력한 연대감으로 서로 붙어 있다. 지진이 잦다는데도 돌조각 하나도 없는 것이 신기할 따름이다.

인생 최대의 비현실을 보는 것 같다. 하늘 쪽으로 벌릴 각도의 최대로 보고 있는 머리가 혼미할 따름이다. 계속 이어지는 주상절리에 말을 잃는다. 감히 그 태고적 아름다움과 찬란함을 글로 옮길 수 있는 능력은 없다. 그저 "아~아~아~"만 할 수 있고 고개를 들어 쳐다볼 뿐. 이건 그림이야라고 독백만 할 뿐 할 수 있는 것은 없다.

이번 여행에서 제일 멋진 곳이라고 이구동성으로 이야기하며 가이드와의 만날 시간도 잊고 경쟁적으로 사진 담기에 열중이다. 정신이 팔려서 어쩔 줄 모른다. 어떤 각도로도 다르게 나오는 수많은 주상절리 직선들과의 조합. 그것은 똑같은 사진은 나오지 않는다는 것이다. 그만큼 다양하게 표출된 아름다움은 그래서 더 놀라울 뿐이다. 더 있고 싶은데 시간이 없다. 조금만 더 있다 가면 좋겠는데…. 여행 중 아쉬움이 이렇게 크게 다가오긴 처음이다.

여기는 혼밥, 혼술 없어요?

어제 식당에서 본 일을 마저 쓰고자 한다. 10여일 동안 메뉴는 거의 같았지만 분위기는 천차만별이었다. 가정식에서 공연이 나오는 고급 레스토랑까지. 어제 가이드에게 물었다.

"여기는 혼밥, 혼술하는 사람이 없는가요?",

"예, 아르메니아에서는 주말이든 평일이든 가족을 중시하기 때문에 가족과 외식을 해요. 사촌까지 대가족이 모여서 식사를 같이하는 것이 일반적이에요"

그래서인지 10명 이하의 모임은 없고 대부분 15~20명 정도의 가족이 식사를 한단다. 오늘도 크게 우리 팀을 포함해 4개 팀이 식당의 큰 홀을 꽉 채웠다. 가이드 리아는 "한국에서 공부할 때 친구들이 혼밥, 혼술하는 게 매우 신기했어요."라고 한다. 자신의 나라 문화와 동떨어진 모습에 신기했고, 어쩔 수 없이 자신도 혼밥을 해야 될 때 가족 생각이 나 슬펐다고 한다.

난 내가 잘 가는 돼지국밥집을 생각했다. 보통 4인용 테이블이고 8인~10인용 테이블이 1개 있는 식당이다. 그런데 차츰 식탁은 분열로 진화했다. 4인용은 2인용으로 8인용은 4인용으로⋯ 최근에는 혼밥, 혼술족들이 늘었는지 식탁의 세분화는 더 세밀하다. 식당 벽면 한쪽 전부를 1인용 식탁으로 바꾸었고, 언제나 그 자리는 만석이다. 국밥 한 그릇과 반주 한 잔, 그들의 시선은 벽을 처다 보거나 벽에 기대어 온갖 요물들을 보여주는 핸드폰만 응시한 채, 오직 밥과 핸드폰만이 그들과 식사한다.

하루의 힘든 노동을 견디거나 여하한 이유로 혼자 먹을 수밖에 없는 사람들. 대부분 나와 비슷한 연배들이다. 가족들의 삶을 오롯이 감내해 온 무게가 그들의 어깨에 얹혀있어 밥 먹는 행태를 더욱 서럽게 한다. 예전엔 가족 4인이 식탁에 아니면 좁은 판에 앉아 아버지는 근엄하게 말씀이 없으시고 어머니는 꼭 성적 이야기로 밥맛을 가

시게 하는 풍경이었다.

이젠 간섭도, 간섭받는 것도 서로 불편한 것이 되었다. 한 그릇의 국밥 그리고 2/3병을 마신 소주병과 소주잔. 그들의 식사 시간은 한숨 쉬는 시간과 섞여 길어지고 주인의 눈치에 뒤통수는 따갑기만 하다. 이 사람들의 식사문화가 부럽다. 당연한 것이 귀찮고 불편한 것이 된 우리나라와 차이가 느껴진다. 혼자 벽을 보고 국밥을 입으로 떠넣고 있는 사람 중 나도 속한다. 다만 술을 먹지 않고, 폰을 보지 않고, 연일 TV에서 들리는 시끄러운 정치 소식을 안주 삼을 뿐! 그저 힘없이 먹는 무용한 생태적 본능에 충실할 뿐이다.

레스토랑 무대의 공연

작은 홀에 아르메니아 전통악기로 공연을 하고 가수들이 나와서 노래를 부른다. 역시 음악은 우리 것이지 싶은데, 4/4박자 장조풍의 돌림노래라고 해도 될 만큼 반복적 멜로디만 나온다. 흥겨움이 아니라 알아들을 수 없는 소란 덩어리에 불과하다.

좁은 홀에 어린아이들 셋이 즐겁게 춤을 춘다. 어린아이들의 몸은 늘 리듬을 탄다고 느꼈었다. 엄마를 찾아 아장아장 걸어가는 모습이나 뛰는 모습 모두 몸속에서 기쁨이 솟구쳐서 아이들은 몸에 리듬을 싣는다. 아이들의 몸속에서 새롭게 빚어지는 시간이 천진한 아이들은 스스로 기뻐하는 몸의 율동을 지니고 태어난다. 아이들이 참 이쁘다. 파란 눈과 백옥같은 피부, 경계심 없이 흔드는 손, 어른들 사이

에 섞여서 즐기는 모습. 대한민국에서는 쉽게 볼 수 없는 모습이다. 장난치듯 아이들 몸의 리듬을 쳐다보는 것은 늙어가는 나의 내밀한 즐거움이다. 한 아이와 눈이 마주치고, 서로 웃음을 주고받았는데 나에게 다가와 안긴다.

여러 사람이 곧 할아버지가 될 징조라며 즐거워한다. 본의 아니게 여러 곳으로부터 사진 세례를 받는다. 서로 손을 마주치는 하이 파이브로 짧은 만남을 끝내는데, 자기 자리에서도 나를 계속 쳐다본다. 말도 통하지 않고 자기 나라 어른과 완전히 다른 외국인에게 다가오는 천진난만함은 천사 그 자체다. 누구든 눈길도 주면 안 되고, 쳐다보면 피하고 말을 걸면 아니라는 부정을 말하고 피해서 뒤돌아 뛰어 집으로 오라고 가르치는 대한민국의 현실이 슬프다. 그렇게 하루 해는 또 저물었다.

내일은 다시 조지아로 넘어가야 한다. 여행자가 보는 행위보다 사람과 음식, 도시계획 전공자라 어쩔 수 없이 가로망 형태나 간판까지 세세하게 보게 된다. 이제 좁은 국토에 많은 사람이 살아야 한다는 대명제는 버려야 할 때이다. 대한민국은 늙어가고 사람은 줄어든다. 거리에 웃으며 걸어가는 젊은 이 나라 사람들의 모습이 부럽기만 하다. 누가 GDP로 순서를 매기고 선진국과 후진국으로 나누었는지 자본주의의 쓸데없는 오기 같다. 과연 8,000달러의 아르메니아와, 30,000달러이고 세계 10대 강국이라는 한국과 어느 나라가 더 행복하냐고 물으면 최소한 우리나라는 아니라고 답하겠다. 그 답은 거리를 오고 가는 사람들의 얼굴 표정에 있다.

다시 트빌리시

국경을 다시 건너 아르메니아에서 조지아로 넘어왔다. 차로 이동하는 시간이 많아서 그리 피곤하지는 않았다. 국경을 나가고 다시 들어가는 절차는 생각보다 수월했다. 보통 입국수속을 하는 직원이 1명이어서 국경을 넘어가는 데 오랜 시간이 걸리기로 악명높은 곳인데 오늘은 4명이나 있다. 사람뿐만 아니라 우리를 태우고 다니는 버스까지 수속을 밟아야 해서 1시간 정도 걸렸다.

어디로 가나 있는 개들은 어떤 수속도 밟지 않고 먹이를 줄 거 같은 사람들을 따라 국경을 넘나든다. 그 모습에서 너희들이 인간보다 더 진솔한 생명체구나 싶은 생각이 든다.

오늘이 마지막 밤이다. 10일간 같이 밥을 먹고 같은 곳에서 잠을 잤다. 다른 사람과 30끼를 같이 먹었던 것은 군대 생활 이외에는 없었다. 요즈음 세상에 4가족이 모여 식사하기에도 어려운 일인데, 각기 다른 생활에 익숙해 있는 사람들이 단체로 움직이는 일은 어려운 일이다. 모두를 배려하고 약간의 불편함은 눈감아주었다. 다들 60 이상을 살아본 인생 선배들의 살아온 내공이 그냥 생기는 것이 아닌 것 같다.

차내에서 하는 5분 스피치! 5분 안에 자기의 인생을 축약해서 이야기하는데 가능치도 않은 일이다. 부담스러워했고 싫은 표정을 하면서도 돌아가는 마이크를 잡자 5분이 너무 짧다는 듯 마음껏 이야기한다. 다양한 이야기가 나온다. 이중 정치인이 한 분 계셨는데 20분을 넘겼다. 저것도 직업병이라고 해야 하는 것인지. 그렇게 인생을 듣고 나니 역시 인생에 상수가 도처에 있음을 느낀다. 책 이야기와 시가 있어서 새로웠고, 나도 반려견 키울 때 썼던 시를 5분 스피치 말미에 낭독했다. 한 분이 시를 듣고 우셨다. 그것도 슬프게 오랫동안….

두 사람의 하루를 맞추기도 어려운데 서로 배려하며 여행을 아주 즐겁고 무리 없이 끝나는 것 같다. '10일의 여행이 가능하겠냐'라는 의심을 했었다. 어찌 되었건 견뎠고, 버텼다. 결국 기억에 남게 되는 여행이었다. 다시 일상으로 돌아가면 바빠서 서로를 잊을 수도 있을 것이다. 하지만 인연이 되는 것은 한 번으로 끝나지 않는 것. 우연을 가장해서라도 올 것이다. 안되면 억지라도 인연을 만들어보고도 싶어진다. 내일 트빌리시에서 3시간 반 비행기를 타고 타슈켄트에서 또 7시간을 날아 인천으로, 바로 5시간 버스를 타고 부산으로 가야 하는 마지막 긴 여정이 된다. 그리움을 가득 채우고 간다. 내일 갈 길이 아득하다.

다시 카스피해를 건너며

마지막 날이다. 트빌리시의 아침은 초가을의 신선함이 있고, 쿠라강은 한가롭지만, 강변도로는 한 주의 시작이라 분잡하다. 도심과 도심을 둘러싼 고성들도 의연하고 포근하다. 초가을 하늘은 푸른데, 제주의 가을 하늘에 미치지 못하고 도심과 비도심의 경계에 낮은 매

연들이 끼어있다.

 트빌리시 공항에서 3시간의 비행시간으로 타슈켄트로 간다. 트빌리시 공항 역시 도심과 20분 거리로 가깝다. 주말을 지나서 공항은 한산하고 승객 대부분이 외국인이다.

 비행기는 왔던 길을 역으로 돌아간다. 타슈켄트에서 바쿠로 갈 때는 카스피해를 건너 비행기로 왔고, 바쿠에서 조지아까지는 버스를 타고 육로를 횡단했다. 돌아갈 때는 트빌리시 공항에서 카스피해를 건너 타슈켄트로 바로 간다. 육로로 갈 때 성가신 확인 절차는 하늘로 가니 단번에 두 번의 절차가 생략된다. 갈 때 보지 못했던 코카서스의 산맥들이 하얀 물감으로 그어 놓은 것처럼 멀리 뚜렷이 보인다.

 산 정상부만 흰머리 독수리의 머리에 얹힌 머리카락처럼 곱다. 눈은 점차 사라지고 그 밑에 숨겨져 있던 영구동토층의 속살을 곧 보여줄 것 같아 안타깝다. 그것도 흰머리독수리의 멸종과도 같은 지구의 절멸을 상징하게 될 것이다. 산맥의 정상과 정상을 이어주는 낮은 연봉들을 하늘에서 부감으로 보는 광경은 경이롭기까지 하다. 그 사이를 날고 있는 비행기는 산맥들과 어울리지 못하고 목에 낀 이물처럼 걸려있다. 산정에 부딪혀 넘어질 듯하다.

 아직 카스피해는 보이지 않고 끝없는 회색의 땅, 그 위에 머릿속 혈관처럼 꼬여있는 강과 길의 부조화만 보일 뿐이다. 4시간의 비행인데도 먹어야 하는 시간에 걸렸다. 흡사 사육장의 좁은 스툴에 갇혀 힘겹게 사료를 먹어야 하는 닭이나 돼지를 연상시킨다.

밥을 먹는 사이 카스피해를 건넜다. 아무리 넓은 바다라도 끝이 있다. 자연의 고정성을 인간의 이동성으로 간단히 극복한다. 아제르바이잔 상공이다. 갈 때 얻었던 한 시간을 올 때 잃어버렸다. 모든 일은 처음으로 돌아와 평균을 맞춘다.

타슈켄트 공항에서 3시간을 기다려, 7시간 동안 날아 인천으로 간다. 그동안 벌었던 최종 4시간은 되돌려진다. 드디어 여행의 끝이 나타난다. 부산에 도착하면 그동안의 피로를 말끔히 씻고, 또 다른 여행을 새롭게 꿈꿀 것 같다. (이재웅)

가르니 동굴사원에서 예레반 캐스케이드까지

차로 국경을 넘어 아르메니아 땅으로 들어섭니다. 여기 청년들도 대부분이 BTS와 블랙 핑크 팬이군요. 신문지처럼 얇게 화덕에 밀가루를 붙여 굽는 라바쉬 빵과 송아지찜으로 점심을 먹고, 터키식 아르메니아 커피를 한 잔한 다음에, 10~13세기에 지어진 산속의 하가르틴 수도원을 찾아갑니다. 아르메니아는 우리나라의 3분의 1밖에 되지 않는 작은 나라인데도 계곡, 황야, 호수, 평원, 울창한 숲이 다양하게 펼쳐져 있어서 느낌상으론 아주 큰 나라 같네요.

아르메니아의 독특한 문화유산인 돌 성화聖畵 '하치카르'

이전에 야생 고양이들이 살던 곳이어서 '고양이 수도원'이라고 불리는 이 하가르친 수도원은 양피지에 기록된 옛 성경이 엄청 발견된 곳으로, 일연 스님이 〈삼국유사〉를 쓴 경북 군위의 인각사를 떠올리게 합니다. 여기서 만들어진 옛 성경 필사본은 모두 예레반의 고문서 보관소로 옮겨져 현재 보물로 지정되어 있습니다. 석굴암을 닮은 수도원의 석실 성당을 머리를 숙이고 돌아다니며, 교회 건축물이 세계적으로 어떻게 변화해 갔는지를 상상합니다. 예루살렘에서 핍박받은 기독교는 소아시아의 바위 동굴을 거쳐 여기 코카서스의 석굴교회로 옮겨왔고요, 여기서 서유럽으로 건너가서는 뾰족한 고딕 성당과 웅장한 바로크 성당으로 변모해 나갔겠지요. 이는 다시 미국의 개신교 교회가 되고, 우리 동네 상가건물의 개척교회로 이어진 게 아닌가요?

또 하나 여기서 받는 충격은 이른바 '이교도' 신앙과 돌 십자가가 결합한 '하치카르'의 아름다움과 독특한 매력입니다. '고양이 수도원' 안팎에 여기저기 흩어져 있는 '하치카르'는 서울의 두 배 면적이라는 세반 호수 위의 성모 마리아 성당과 사도 성당에서도 어김없이 보였습니다. 세반의 하치카르는 약지와 엄지로 표시하는 아르메니아 사도 교회만의 독특한 삼위일체 표식이나 예수의 신성과 인성을 나타내기도 하였고, 몽골인의 얼굴을 한 예수가 지옥으로 떨어지려는 이담과 하와를 양손으로 붙들고 선 독특한 석화石畫로 나타나기도 하였습니다. 9월인데도 호수에서 차갑고 거친 바람이 불어옵니다. 파도에 하얀 배를 드러내고 음산하게 미소짓는 저 거친 호수의 밑바닥엔 속살이 유난스레 부드러운 송어들이 줄지어 떠다니겠지요.

조지아에 포도주가 있다면, 아르메니아엔 자신들의 주체적인 종교심과 미학을 드러내는 '하치카르'가 있습니다. 8백 년경부터 이 땅에 등장했다는 '하치카르'는 아르메니아인 모두의 문화적 자부심인데요, 전국의 종교시설과 야산에 수천수만 점이 깔려있다고 합니다. 아르메니아는 1915~1923년에 터키에 2백만 명의 동족이 학살당하는 '인종청소'의 비극을 겪었는데요, 코르비랍 수도원은 그 터키 마을이 바로 건너다보이는 아라라트 지방에 있습니다. 이 구릉은 301년에 자기 아버지의 정적인 왕의 정신병을 치료하여 세계 최초로 아르메니아를 기독교 국가로 만든 성인 그리고리얀이 14년간 지하감옥에 갇혀 있었던 곳이죠. 노아의 방주가 닿았다는 아라라트산, 그 성산이 정면으로 바라보이는 이 코르비랍 수도원에도 어김없이 '하치카르'가 소도蘇塗와 부도浮圖처럼 우뚝합니다.

다시 차를 타고 가르니 지역으로 향합니다. 이곳은 게하르트 동굴사원, 세계적인 주상절리, 그리고 로마 네로 황제의 후원으로 건립된 다신교 판테온이 몰려 있는 곳입니다. 아테네의 파르테논 신전을 쏙 닮은 가르니 신전은 이곳의 자연신 그리고 한때 로마에서 유행했던 태양신 미트라를 섬기던 곳이라고 합니다. 아르메니아는 살구나무와 궁합이 잘 맞는 곳인가 봅니다. 황야를 지나고, 살구나무 평원을 지나고, 강원도 깊은 계곡 같은 곳으로 차가 비틀비틀 올라갑니다. 게하르트 동굴사원은 십자가에 못 박힌 예수의 사망 여부를 확인하려고 로마 병사가 찔렀다는 롱기누스 창, 그 뭉툭한 창이 5백 년간 보관되었던 초기 기독교의 석굴 사원이었습니다. 40년간 사람들이 저 암벽을 뚫어서 성당을 지었다고 하네요. 방문객 중 누군가가 우렁찬 목소리로 동굴 성당 안에서 성가를 부릅니다. 4세기 무렵에도 여기 이 자리에서 저렇게 신심 가득히 성가를 부르며 예배를 보았겠지요. 원래는 자연신, 그중에서도 저 계곡에 흐르는 성수를 섬기는 신전이었다고 하는데, 훗날 기독교 성지로 바뀐 거죠. 메카의 카바신전, 일본의 신도와 불교의 사례에서 보듯이, 모든 종교의 토착화 과정은 반드시 접촉과 결합의 과정을 거쳐 그 땅에 정착하는 게 아닐는지요. 협곡 위의 가르니 신전의 마당에도 지난 1세기부터 이 신전을 관통해 간 숱한 종교와 사상들이 돌조각, 알 수 없는 각종 문양, '하치카르'의

미술과 개성 있는 건축이 만난 예레반의 캐스케이드

형태로 뒹굴고 있었습니다.

아르메니아의 수도인 예레반입니다. 2800년의 역사를 자랑하는 오래된 도시입니다. 그러나 아제르바이잔의 바쿠나 조지아의 트빌리시처럼 구시가지는 없습니다. 대신에 572개의 계단과 미술작품을 결합한 캐스케이드가 이 도시를 대표하는 문화 브랜드입니다. 미술작품들도 세계 각국의 유명 조각가와 설치 예술가들로부터 무료로 기증받은 작품입니다. 계단 안에는 자체 갤러리와 박물관이 여럿입니다. 전 세계의 관광객들이 예술 향기 가득한 이 계단에 앉아보고자, 여기서 사진을 남기고자, 멸치 배 들어오듯이 여기로 몰려옵니다.

서울은 특별공화국이니까 논외로 치고, 한국의 그 많은 지자체는 왜 매번 막대한 예산이 들어가는 건조한 대규모 공사만 하려고만 들고 이런 문화적 발상을 못 하는 걸까요? 저는 내일 조지아의 트빌리시로 넘어가서 니코 피로스마니의 특별전이 열리는 조지아 국립미술관에 들러보려고 합니다. 그리곤 유장하게 느리면서도 때로는 힘차게 빠른, 코카서스 3국의 운명을 닮은 조지아 민속공연을 관람한 다음에 서울로 돌아가려 합니다.

단풍에 물들며 코카서스에 가을이 깊어 갑니다. 아쉬운 마음에, 떠나는 날 새벽에 일찍 눈이 떠져서 10일간의 아제르바이잔, 조지아, 아르메니아 여행을 혼자 정리합니다. 결국은, 자연과 문화였습니다.

카스피해, 코카서스의 험준한 산맥과 설산, 계곡, 쿠라강, 아그라비강, 서울보다 두 배나 더 넓다는 세반 호수, 드넓은 황야, 들녘을 가득 채운 포도원과 살구나무밭, 그리고 그 자연이 합창으로 세운 바위 도시, 동굴수도원, 히치카르(성화를 새긴 돌비석), 신시神市와 신전, 신비한 야경….

문화의 영역에선 정말 할 말이 많은데요, 말은 밖으로 뱉는 게 아니라 안으로 삼키는 거니까 자제하기로 하고요, 문화의 여러 영역 중에서도 코카서스는 종교였습니다. 바쿠의 '불의 사원'과 조지아 고리의 '암석도시' 그리고 므츠헤타의 '살아있는 기둥의 성당' 입구에 걸린 황소 머리에서 발견할 수 있는 조로아스터, 게하르트 동굴수도원과 가즈니 신전의 자연신, 미트라 신, 그리고 조지아와 아르메니아 곳곳을 수호신처럼 감싸고 흐르는 초기 기독교의 흔적들, 사람들의 열렬한 신앙심….

조지아 정교와 아르메니아 사도 교회는 그냥 하나의 기독교 종파나 갈래가 아니었습니다. 페르시아, 그리스 로마, 하자르 제국, 몽골 제국, 오스만튀르크, 러시아 제국, 소련이라는 이리 떼들의 틈바구니에서 이 작은 나라들을 지킨 정체성이며 자존심이고, 생활과 생존 전략이고, 고대~중세~현대에 걸친 길고 어려움이 많았던 구불구불한 역사 그 자체였습니다. 종교는 코카서스의 정신이었습니다. 숱한 전쟁과 침략, 인종학살의 비극을 견디며 자기 종교를 목숨 바쳐 사수하지 않았다면, 흑해와 카스피해 사이에 낀 이 소국들은 일찌감치 지구상에서 사라지고 없겠지요. 강대 세력에 둘러싸인 채 극동의 작은 반도에 갇혀서도 악착같은 생명을 이어온 우리네처럼, 여기 이 좁은 코카서스의 허리에서도 사람들이 참 열심히 살았구나! 그런 마음이 듭니다. 돌아가서도 열심히 공부하고, 열심히 하루하루를 살아가리라! 그런 결심을 여기서 다시 하지 않을 수 없군요. **(이재혁)**

예레반의 밤은 낮보다 화려하다

 2024년 9월 26일, 조지아를 나와 아르메니아의 국경을 넘는다. 별반 어려움 없이 아주 쉽게 국경의 검문소를 통과했다. 나무도 없이 황량한 해발 1000미터 정도의 굽이굽이 좁은 산길을 오르내리며 아르메니아를 접한다. 조지아와 접한 사다클로는 국경도시다. 그래서인지 중간에 들른 마트는 규모가 컸다. 지하와 단층으로 이루어졌으나 백화점과 마트, 재래시장을 합쳐 놓은 듯한 크기에 레스토랑도 겸하고 있었다. 역시나 민준이가 좋아하는 것이 먼저 눈에 들어온다. 민준이 옷과 말린 과일을 샀다. 이렇게 여행 중에 작은 물건을 구매하는 것은 그곳의 추억을 함께 가져온다고 생각한다.

마트를 나와 점심 식사를 위해 들른 곳은 카라반사라 리조트의 레스토랑이다. 규모도 컸지만 인공호수와 아름다운 건물 및 수목들이 참 아름다웠다. 아름다운 풍경과 맛있는 음식들, 포도주와 신선한 과일 주스에 여행의 피로가 날아간다. 일행들 모두 행복한 얼굴로 산책을 하거나 사진으로 순간의 행복을 담는다. 다시 길을 달려 야생 고양이 수도원, 혹은 춤추는 독수리 수도원이라 이름 붙여진 하가르친 수도원으로 향한다. 딜리잔 국립공원 속의 숨은 보석 마냥 박혀있는 이곳은 풍광이 아름답고 시냇물이 맑다. 하가르친 수도원은 10세기~13세기에 지워졌다고 하는데 아르메니아의 왕가와 조지아의 왕가, 이 두 나라 왕가의 후원으로 지어졌다고 한다. 아르메니아의 바그라투니 왕조는 1045년에 셀주크 제국의 공격을 받아 멸망하면서 단절되었는데, 한때는 같은 왕가를 공유했었던 역사 때문인지 조지아와 아르메니아의 사이는 이웃 나라 관계치곤 그렇게 나쁘지 않다고 한다. 그래서 이 왕조를 상징하는 사자가 새겨져 있다. 독수리나 사자의 상징성을 알고 보니 조금 더 재미있었다. 건물 뒤쪽에 뿌리와 기둥만 남은 듯한 고목이 하나 있는데 작은 구멍이 나 있었다. 이곳을 통과하면 행운이 있다길래 우리 일행도 줄을 서서 나무구멍을 통과했다. 유럽과 아시아를 연결하는 지정학적 위치로 수많은 외침을 받은 아르메니아는 특히 20세기 최초로 제노사이드를 겪은 비극이 있다. 이런 배경 때문일까. 수도원의 빛바랜 벽돌과 투박한 건물은 불에 탄 흔적이나 무너진 잔해로 인해 더 슬퍼 보였다. 우리나라 강원도의 산속 어디쯤인 것 같은 하가르친 수도원을 나와 세반호수를 향한다.

세반 호수

세반 호수는 아르메니아 최대이자 코카서스 지역 최대의 호수이다. 호수의 해발 1900미터에 자리하고 있는 세반 수도원을 찾아간다. 250여 계단을 올라 아르메니아에서 손꼽히는 수도원인 세바나반크를 설레는 마음으로 만난다. 호수를 건너온 안개가 휙, 휙 지나가고 바람이 세차다. 세바나반크는 '세반 수도원'이라는 뜻으로, 내륙국 아르메니아에서 바다와 같은 세반 호수의 언덕 위에 있었다. 원래는 4동의 수도원 건물이 있었는데 지금은 2개만 남아 있었다. 아르메니아의 수도원 탐방을 하면서 십자가석이라고 하는 참으로 많은 하치카르들을 본다. 종교를 통해 구원받고자 하는 사람들의 염원은 동서고금을 아우른다는 생각이 들었다. 아름다운 세반호수를 조망하며 송어구이 정찬을 먹었다. 늘 따르는 포도주는 이제 일상이

아라랏산의 원경

다. 호수와 마을, 설레는 여행길에 든 우리들의 가슴을 울리는 저녁 노을이 환상이다.

아르메니아는 301년 기독교를 국교로 처음 공인한 나라다. 그 시작이 된 코르비랍 수도원은 터키 국경지대에 있다. 코르비랍은 '깊은 지하감옥'이란 뜻이다. 아르메니아에 기독교를 전파한 성 그레고리가 여기 지하감옥에 13년간 투옥됐다고 한다. 그레고리를 가둔 후 하나님의 벌로 정신병에 시달린 왕은 결국 그레고리에게 치료를 받고 치유된다. 그 후 왕은 그가 믿던 종교를 국교로 승인하고, 아르메니아는 세계 최초로 기독교 국가가 됐다.

2024년 9월 27일, 코르비랍 수도원으로 향한다. 수도원에 가는 도중 해바라기가 지천인 곳에서 아라랏산을 사진에 담는다. 큰 아라랏산과 작은 아라랏산 중간쯤에 구름이 걸려있고 잠깐씩 아라랏이 모습을 드러낸다. 뭔가 신령스러운 느낌을 받는다. 주변에는 온통 묘지석으로 덮여있다. 아마도 성산과 코르비랍 수도원에 좀 더 가까이 가고자 하는 사람들의 열망이 죽음 뒤의 세상과 연결고리를 만든 것이 아닐까 하는 생각이 들었다. 코르비랍 언덕에 올라서면 광활한 대지 너머 아라랏산이 보인다. 만년설로 덮여있는 이 산은 '노아의 방주'가 도착한 곳이라 전해진다. 국가 문장 가운데에 그려놓을 만큼 아르메니아인들이 어머니로 여기는 신성한 산이다. 원래는 아르메니아 땅이었으나 지금은 터키에 편입돼 쉽게 갈 수 없는 비운의 상징이 된 산이기도 하다. 아쉽게도 이 성산은 구름 사이로 간간이 나타날 뿐 그 모습을 또렷하게 드러내지 않았다. 코르비랍 수도원의 면면을 살펴보고 수도원의 뒷산을 올랐다. 아르메니아 국기가 나부끼고 있었다. 국경 지역임을 인식하며 세계 평화와 아르메니아의 평화를 기원해 본다.

  코르비랍 수도원을 나와 게그하르트 수도원으로 향한다. 광활한 광야에 조림한 사과나무와 살구나무가 경이롭다. 게그하르트 수도원은 롱기누스의 창을 보관했던 곳이다. 바위산에 지어진 이 석굴사원에 들어서면 육중한 산세에 둘러싸인 수도원과 뒤편 산 절벽에 놓인 십자가가 보인다. 수도원의 뒷산은 돌가루를 반죽해 길게 국수가락 모양으로 사리를 만들어 동글동글 쌓아 올린듯한 바윗돌들이 군락을 이루듯 우람하게 서 있다. 사원 내부는 채광창을 통해 들어오는 햇빛과 신자들이 켜둔 촛불이 밝히고 있다. 아르메니아 교회는 인공조명이 거의 없었다. 성화 외에는 색채감이 느껴지지 않아 한층 차분하고 경건해진다. 울림이 있는 이층 성당에서 어떤 남성분이 바리톤으로 성가를 한다. 모든 사람들이 경건하게 집중하면서 자신 속으로 침착해 들어간다. 세상에서 가장 신성한 예배이다. 잠깐이었지만 나도 내 속의 나를 만났다.

  마네의 '풀밭 위의 점심 식사'를 연상시키는 호두나무가 지천인 식당에서 점심을 하고 주상절리로도 유명한 아자트 계곡을 갔다. 세상에나! 모두의 감탄사가 계곡을 울린다. 굽이진 계곡 길을 내려가면서 세계 최대 규모의 주상절리를 감상한다. 다각형 돌기둥을 따라 시선을 위로 올리자 허리가 저절로 젖혀지면서 현기증이 인다. 작은 계곡에 거대한 절경을 만들어낸 자연의 경이에 그저 감탄할 뿐이다. 나이를 잊는다.

  주상절리 인근에는 태양신을 위한 신전인 가르니 사원이 있다. 아르메니아에서 기독교가 공인되면서 신전들이 허물어졌는데 이곳은 유일하게 남았다. 왕조의 여름 궁전은 신전을 피해 옆에 지었다고 하니 연전에 본 알함브라 궁전이 생각났다. 종교나 정치를 떠나 아름다운 건축을 사랑하는 사람들의 마음이 아름답다.

  가르니 신전을 나와 다시 예레반의 코냑 공장을 방문했다. 가는 길에 본 살구나무, 사과나무, 무화과나무 등등, 광야에 심어져 있는 과수들이 참 신기하고 반가웠다. 사람들이 몸을 움직이고 손으로 만들어내는 위대한 노동력의 결과에 경의가 표해졌다. 코냑 공장은 예레반에 있었다. 노이 와인(코냑) 공장은 1877년에 노이 니코야니안이 설립한 아르메니아 최초의 와인 및 코냑 생산 공장이다. 전에 예레반을 지키던 군사 요새를 고쳐 공장을 지었다고 한다. 지하 요새는 아르메니아 수도인 예레반의 이곳저곳으로 연결되어 있다고 하는데 벙커처럼 된 지하의 와인 저장소는 상상을 초월할 정도로 컸다. 우리에게도 달콤한 와인 한 잔과 10년산 코냑 한 잔과 안주가 제공되었다. 코냑 공장을 나와 예레반의 랜드마크인 케스캐이드로 향한다. 러시아 출신으로 아르메니아에 귀화한 알렉산더 타마니안이 설계한 이곳은 여러 단의 폭포가 설치되어 캐스케이드라 불리는 곳이다. 2009년 완공한 예레반의 중요한 공공건축인데 시작점에는 그의 고뇌, 혹은 생각하는 조각상이 서 있다. 캐스캐이드 앞의 광장에는 각종 현대조각품과 정원이 아름답게 꾸며져 있는데 우리나라의 조각가 지용호 씨의 타이어로 만든 사자상도 있었다. 이어진 공화국 광장에는 아르메니아 역사박물관, 공화국 시청사 등의 아름다운 공공건축물들이 많았다. 노을과 막 들어오는 가로등의 불빛이 어우러져 도시가 참 세련되고 예뻤다. 사진도 찍고 노래도 하면서 방사선으로 연결된 광장을 즐겼다. 낭만적이다.

우리들의 밤은 그대들의 낮보다 화려하다! 예레반에서의 우리가 그러했다. 화려한 민속공연이 펼쳐진 극장형 레스토랑에서의 성찬은 어디에도 비길 수 없을 만큼 화려하고 멋졌다. 포도주가 부드럽게 목을 적시고 로저 무어 배우를 닮은 서빙 하시는 멋진 분과의 사진 한 컷은 덤이었다. 예레반에 몸을 눕다.

2024년 9월 28일은 아르메니아의 수도 예레반에서의 마지막 날이다. 펠린거 컬렉션 호텔의 탑층이 레스토랑인데 규모가 비교적 작은 뷔페였지만 있을 건 다 있는 인터컨티넨탈 조식이었다. 사방이 다 널찍한 창으로 전망이 아주 좋았다. 어제 갔던 공화국 광장과 케스캐이드가 멀리 보이고 시청사도 조망될 만큼 날씨도 좋았다. 이제 아침을 먹고 조지아를 향해 국경 쪽으로 이동할 것이다. 짧은 여정이었지만 아르메니아는 나에게 큰 울림을 주었다.

아르메니아! 부디, 이 나라의 평화를 기원한다.　**(최명아)**

조지아로 가는 길

2024년 9월 28일. 조지아를 가는 중에 들른 엄청 큰 마트는 건물 전체가 시장이면서 식당가였다. 짧은 시간에 갖가지 쇼핑도 하고 아르메니아의 물건들을 구경도 한다. 말린 과일이 들어 있는 초컬릿이 맛있었고, 빵이나 쿠키 종류도 다양했다. 물건들도 비교적 가격에 비해 품질이 좋았다.

트빌리시 전경

국경을 통과해서 탔던 버스를 그대로 다시 탑승해 조지아 국립미술관의 니코 피로스마니를 만나러 간다. 국립미술관은 규모가 생각보다 작았다. 이곳에서도 스토리텔링의 강함을 느낀다. 니코 피로스마니라는 화가의 그림도 유명하지만 그 뒷배경이 된 백만송이 장미와 프랑스 여배우 마가리타와의 스토리가 없었다면 과연 그렇게까지 그림이 각광 받을 수 있었을까는 의문이다. 앞서 살아간 사람들의 역사를 살피면 뭔가에 미치는 것은 불행이자 기회가 되기도 한다는 것을 알 수 있다. 미술관을 나와 유명한 푸시킨의 스토리가 있는 유황온천으로 향한다. 이국에서 대낮에 단체로 온천을 해 본 경험이 있으신가? 참으로 어색하고 재미있는 풍경이다. 천정에 작은 환기구가 뚫여 있는 세계적으로 유명한 트빌리시의 돔형태 아바노투바니라는 유황온천에서 온천을 했다. 짧은 시간이었지만 유난히 온천이나 찜질을 좋아하는 나에게는 행복한 시간이 되었다.

온천을 마치고 쿠라강에 보트를 타러 갔다. 사실 이번 여정에서 그다지 기대가 없었던 장소인데 의외로 참 재미있고 많이 웃었던 시간이다. 어느 곳이나 어떤 장소가 중요한 것이 아니라 함께하는 사람과 분위기가 중요하다는 것을 새삼 느꼈다. 같이 하지 못한 옆지기 짝지가 많이 그리웠던 순간이다. 포도주 한 잔이 진했나? 쿠라강이 주는 환상에 취했던가? 저절로 몸이 움직여져서 되지도 않는 막춤에 신이 났다. 우리 일행 대다수가 같이 어우러졌으니 해질녘의 쿠라강이 낭만이라는 단어를 실어다 준다.

이제 갈무리 시간이다. 트빌리시 구시가지의 선술집 같은 레스토랑에서 그간의 여행을 논한다. 리더를 하신 분이 여행 내내 있었던 일들을 반추해 평을 하고 청자들은 그 시간을 회상한다. 짧은 시간에 다시 한번 여행을 다녀 온 기분이다. 포도주에 취함인지 분위기에 취함인지 무릉도원 어디쯤에 길을 잃고 헤매고 있는 듯하다. 이 밤에 길을 잃으면 안 된다. 국제 미아 됨이다.

이튿날 짐을 챙겨 조지아 트빌리시에서 우즈베키스탄의 타슈켄트를 향한다. 핸드폰의 인터넷이 연결이 안된다. 아마도 기기도 조지아라는 아름답고 역사 깊은 여행지를 떠나기 싫은가 보다. 타슈켄트 공항에서 곧장 인천으로 향한다. 돌아가는 시간은 여행이 주는 나른한 피로와 사랑하는 사람들을 만날 기대로 다시 부푼다.

다음 여행을 기대하며 집으로 향한다.

코카서스 3국

세상에 온 이유는 아마도 그대를 만나기 위함이었나 보다
신의 물방울을 넘기며
그리움에 목마른 감정도 너를 만나고 알았다

너는 새벽 여명이었다가
베토벤 소나타였다가
서정시가 되어 봄비로 오기도 했다

너는 엘 트랜스파란테로 내리는 빛의 축복이었다가
비 온 뒤 서녘 하늘 꽃물 들이는 가슴 떨리는 찬란함이었다가

너는 일렁이는 밤바람 타고 내리는 무진정 낙화놀이 불꽃이었다가
수줍어 뒷짐 지고 서성이는 첫사랑 열기 번진 시그나기 바람이었다가

네가 구름 걷고 맑은 하늘이라도 살짝 열어 보이면 내 가슴은 떨리고
속에서는 졸졸 청량한 계곡 물소리가 들린다

그대를 향한 그리움은
단 하나의 영양소도 빠지지 않은 완전식품이다. (최명아)

여행의 끝

여행은 계획된 것이 아니었다. 우연이 인연으로 겹쳤고, 인연이 또 다른 인연을 만나기 위해 떠난 여행이었다. 길고 긴 가둠의 한계에서 헤어 나오길 그렇게 노력했고, 억지로 문을 열게 한 한 번의 문자가 여행의 시작이었다. 닫혀있는 아니 닫았던 문을 살짝 열었다. 가장 가까이 있으면서도 멀게 느껴지던 사람. 서로는 공통점이 있었다. 책 그리고 글쓰기! 그동안 정신없이 채워오던 글쓰기 노트를 꺼내보고 싶었고, 글 쓰는 작가였던 분에게 보여드리고 싶었다.

그렇게 시작된 만남 또 다른 인연인 한 사람의 강의에 참여했다. 첫 강의에서 백석의 이야기를 듣는데 그렇게 깊게 백석의 생을 말하는 분은 처음이었다. 백석의 문학적인 것 이외의 생활과 삶에 대한 부문을 시와 연결했고, 또 해석했다. 그 강의 듣기를 완주하지 못했다. 중간에 장모님이 병원에 입원했고 아내의 병간호를 도울 수밖에 없는 입장이었다. 하지만 백석의 여운은 길었다. 어떻게든 끈을 놓지 않으려고 노력했다.

그 연장선으로 실크로드 여행이 계획되었다. 아내를 보호자로 동반하는 것으로 여행이 시작된다. 모험 같은 불투명한 여행, 견디기 힘들어 중도에 주저앉으면 어떻게 하느냐에 대한 불안감을 갖고 떠난 긴 여행이었다. 결론적으로 우려하는 일도 없었고, 인연에 인연을 더한 행복한 마음을 갖고 귀국했다. 살아오면서 제일 긴 장거리였으며 가장 높은 곳까지 간 여행이었다. 여행 초반 장거리 이동(부산→인천 → 우즈벡)으로 인한 피로에 고전했다. 다른 일행들은 나이가 많음에도 장거리 여행에 적응을 많이 하셨는지 우리 부부의 피로 상태와는 달랐다.

 초반의 피로감으로 어찌 10일간의 장기 여행을 마칠 수 있을지 걱정이 되었다. 또 불편할 것 같은 사람, 어색하고 초면인 사람들과 같이 일정을 소화하는 데서 오는 스트레스를 어찌 극복할지 걱정도 되었다. 그런 신체적 피로에 정신적 스트레스까지 더해지면 여행은 기쁨이 아니라 악몽이 될 것이 당연했기 때문이다. 그렇게 시작된 여행 7시간의 비행 끝에 도착한 우즈벡. 역시 피곤함은 극에 달했고, 아내도 힘들어했다. 우려했던 공황 증상은 없었으나 신체적 피곤에 힘들었고, 남은 9일의 일정을 기억하지 못할 정도의 스트레스가 왔다. '이걸 하려고 여기까지 왔나' 하는 자조 섞인 독백을 주저리며 말이다. 어떻게든 여행은 피곤과 스트레스로 시작되었고, 일행과의 짧은 인사와 꽉 짜인 일정대로 움직였다.
 아무리 여행에 적응된 분이라도 피곤했을 터인데, 참고 견디며 진지하게 문학기행에 임하는 분들이 차츰 보이면서 짜증이나 피로감보다는 부끄러움이 앞선다. 그래도 여기에서 제일 젊다는 사람인데. 이런 상태가 된 것이 맞나 하는 생각이 들었다. 아내도 아픈 허리 부여잡고 잘 견뎌주고 하루 이틀 서서히 적응했다. 우즈벡에서 아제르바이잔 바쿠로 가면서 보았던 카스피해의 광활함에 비행기 창문에 한 시간 이상 얼굴을 파묻고 열심히 글로 옮겨 놓았다. 바쿠에서의 본격적 여정 시작. 야경에 매료되었다. 영원히 불탄다는 '불의 신전'을 보고 난 후 호기심이 발동하여 인솔자였던 교수님과 격한 토론까지 이어진다.

 아제르바이잔에서 조지아, 조지아에서 아르메니아, 아르메니아에서 다시 조지아로 이어지는 국경선을 육로로 통과하는 첫 경험은 낯설었다. 큰 섬 두 개를 가진 우리나라는 대륙으로 육로를 이용해 갈 수 없으므로, 이렇게 걸어서 국경을 통과하는, 그러기 위해서는 수없는 검색과 보안점검과 같은 번거로움이 있어야 하는구나, 라는 생각이 들었다. 아제르바이잔에서 고부스탄 암각유적지. 조지아의 거대한 코카서스 산맥의 웅장함과 아나누리 성채와 구다우리 전망대, 카즈베기 시내의 고즈넉함을 느끼는 일정이 이어졌다. 아르메니아 세계 최대 주상절리에서 정점을 찍는다. 날이 갈수록 사람들 사이에 있었던 벽은 서서히 허물어지고, 서로의 불편함을 챙겨주고 배려하는 모습까지 보이며 친숙해진다. 나보다 인생을 오래 산 인생 선배들과 내공이 그냥 오지 않음을 느꼈다. 문학적 소양에서도 역시 '인생도처유상수'라는 말을 뼈저리게 느꼈다. 삶을 살아가는 데 있어서 절대 자신을 앞세우지 않고 신중하며 겸손하게 살아야 함을 느끼게 해주었다.

 그날의 일은 매일 글로 써두었다. 아무리 피곤해도 글의 대상을 직접 보고 느끼면서 쓰는 일이 매우 유용함을 알기에 하루의 공백도 없이 썼다. 비행기 안에서도 말이다. 잘한 일이다. 길었다면 길었는데 결국 아쉬웠던 여행은 끝이 났다. 들뜸을 이제 가라앉혀서 일상으로 복귀해야 한다. 제주를 처음 갔을 때, 부산으로 복귀하면 그리움이 열이 되어 몸이 약간 아픈 경향이 있었다.

  이번 여행은 기간, 거리, 일정으로 봐서 거의 처음 경험한 것들이라 놀랍고 새로웠다. 돌아와선 제주에서 부산으로 돌아왔을 때의 열보다 더한 열화같은 신열을 앓을 것 같다. 그만큼 여운이 많았기 때문이다. 시간은 공평하게 주어지지만, 각자의 삶에 따라 엄청난 차이가 난다는 교수님의 말씀이 여행 끝자락에 기둥에 부딪혔다. (마지막 계획하는 것 모두 자기 자신의 몫이다. 열흘간의 여행, 계획된 것은 아니지만 앞으로의 삶을 계획할 수 있는 힘을 얻게 된 여행이었다. 신열을 앓는 시간이 길어질 듯하다. 그래도 또 가고 싶다. **(이재웅)**

대담

고유 문화의 독립국, 아르메니아로 초대합니다

● 현지 가이드와 나눈
7문 7답

초대 손님   리아(Lia)
대담자   박하(시인)

지난 9월 초순부터 11일 간 코카서스 3국 여행을 다녀왔습니다. 주최는 유라시아교육원(이재혁 원장), 이 여행에 동참했던 사람들끼리 여행기를 전자책으로 발간하고자 합니다. 당시 현지에서 한국어 가이드를 맡아주신 분, 세 분도 대담에 초대하여, 자신의 나라 소개와 함께 한국과의 인연을 소개하기로 합니다.

−편집자 주

#1. 리아 가이드님, 초대에 응해 주셔서 감사드립니다. 리아 님의 재밌는 해설 덕분에 아르메니아 인상이 확! 달라졌습니다. 자기소개 겸 어떤 계기로 한국과 인연을 맺게 되었는지 소개 바랍니다.

리아(Lia)   안녕하세요. 먼저 초대를 해주셔서 진심으로 감사

합니다. 저는 리아라고 합니다. 현재 아르메니아 수도 예레반에 있는 국립언어대학교에서 한국어를 가르치고 있습니다. 또한 한국어 가이드 일도 하고 있습니다. 10살 때 한국 드라마의 매력에 푹 빠져서 취미는 한국 드라마를 보는 것으로 키웠습니다.

한국 드라마 때문에 한국 역사와 문화에 대한 관심이 생겨, 2015년에 아르메니아에 있는 국립언어대학교에서 아르메니아어와 한국어 번통역학과에 입학했습니다. 한국어에 대한 더 넓은 지식을 갖추고 싶어서 대학교 4학년 때 한국 정부 초청 외국인 대학원 장학생 프로그램(KGSP)에 신청했고, 2019년 한국에 오게 되었습니다. 서울로 올라가기 앞서 대구에 있는 계명대학교에서 1년 동안 어학연수를 했습니다. 그리고 서울에 있는 건국대학교에서 석사 과정을 밟았습니다. 저는 교육에 대한 관심으로 대학원 전공은 외국어로서의 한국어 교육으로 삼았습니다.

#2. 아르메니아인은 유태인 못지않은 상인으로도 유명합니다. 그 전통이 지금도 이어져 오는지 궁금합니다.

리아(Lia)　　말씀하셨듯이 아르메니아인의 상업적 전통은 고대부터 이어져 온 깊은 뿌리를 가지고 있으며 상인 정신은 오늘날에도 여전히 강하게 이어지고 있습니다. 비단길(실크로드)은 동쪽에서 아르메니아를 통과했으며, 아르메니아 상인들은 거기에서 적극적으로 활동을 하고 있었습니다. 비단길(실크로드)이란, 문명 교류와 교역에서 중요한 일을 했으며 아르메니아 상인들은 핵심적인 역할을 했습니다. 현재 전 세계의 아르메니아 디아스포라는 다양한 분야에서 경제적 영향을 미치고 있으며, 아르메니아 상인들은 여러 상업활동을 지속적으로 이어가고 있습니다.

#3. 아르메니아는 코카서스 3국 중에서 내륙에 둘러싸여 있는 작은 나라입니다. 그런데도 당당히 고유한 문화를 가진 독립국입니다. 그 저력이 어디서 유래한 것인지 궁금합니다.

리아(Lia) 현재 아르메니아는 코카서스 3국 중 내륙에 둘러싸여 있는 작은 나라이지만 예전에는 그렇지는 않았습니다. 아르메니아가 고유한 문화를 유지하고 독립국으로서 존재할 수 있었던 저력은 여러 역사적, 지리적, 문화적 요인에서 비롯되었습니다. 예전부터 이 지역은 여러 강국들 사이에서 전쟁과 침략을 겪으면서도 자연적으로는 험준한 산악지대에 자리 잡고 있음으로써 독립성을 유지했습니다. 고대 아르메니아 왕국은 강력한 문화적 정체성을 형성하며 자신들의 언어와 문화를 중요시했습니다.

기독교를 중심으로 한 문화적, 종교적 독립성은 아르메니아가 많은 외세의 영향을 받았음에도 불구하고 자부심과 독립적인 문화를 유지할 수 있는 기초가 되었습니다. 아르메니아는 고유한 문자를 통해 아르메니아 사람들이 외부 문화의 침입을 받으면서도 자신들만의 고유한 문화적 전통을 계속 이어갔습니다. 아르메니아는 지배와 압박 속에서도 문화적, 민족적 독립성을 지키기 위한 노력을 지속적으로 펼쳤습니다. 그리고 꾸준히 펼쳐갈 것입니다! 아르메니아인들은 그들의 역사와 문화에 대한 자긍심이 매우 강합니다. 특히, 아르메니아 대학살을 경험한 이후 세계 곳곳에 퍼져 있는 디아스포라와 함께 아르메니아 문화를 보호하고, 독립 국가로서의 정체성을 강화해 왔습니다.

#4. 수도 예레반은 상상했던 것보다 훨씬 유서 깊고, 여유롭고 아름다운 도시더군요. 개인적으로 CASCADE Complex가

인상적이었습니다. 자본주의 나라 수도에서는 상상도 못한 공원입니다. 서울이나 부산에 방문해 보셨다면 예레반과 비교하면 어떨까요?

리아(Lia) 좋은 말씀을 해주셔서 진심으로 감사합니다. 질문을 보면서 갑자기 한국이 그리웠습니다. ㅎㅎ 위에서 말했듯이 저는 한국어 가이드 일도 하고 있습니다. 한번은 한국에서 오셨던 손님하고 예레반 투어를 하다가 손님께서 이런 말을 하시더라고요. "아르메니아에서 사람이 사는 냄새가 납니다". 아르메니아로 걸어가면서 제가 한국에서 잘 경험하지 않았던 아이들의 웃음소리를 많이 들을 수 있습니다. 저에게는 예레반도 서울이나 부산처럼 고대와 현대가 아주 자연스럽게 결합 된 도시들입니다. 고대 아르메니아 왕국의 흔적들과 기독교 역사, 그리고 소련 시절의 영향을 받은 건축들이 현대적인 도시 풍경 속에 섞여 있습니다.

서울이나 부산도 역사적인 요소와 현대적인 발전과 함께 공존합니다. 서울의 경복궁과 같은 역사적 장소들을 그 예로 들 수 있습니다. 예레반은 서울이나 부산에 비해 규모가 작고 한적한 분위기를 유지하고 있으며, 여유롭고 느긋한 생활이 강조되는 도시라고 할 수 있습니다. 서울과 부산은 현대화된 거리로 빠르게 변화하는 상업적 공간이 주를 이루는 느낌입니다. 다만 여유롭고 아름다운 예레반은 한국의 대도시들과는 또 다른 매력을 지니고 있습니다.

CASCADE Complex는 독특한 매력과 아름다움 덕분에 많은 여행자들에게 깊은 인상을 남기는 곳입니다. 이 복합 문화 공간은 계단식 구조, 예술 작품들, 도시 전경을 감상할 수 있는 경치까지 결합돼 있어 예레반의 상징적인 장소 중 하나로 자리 잡고 있습니다.

#5. 예레반 여행 때, 특히 코냑 노아 생산공장을 가보고 놀랐습니다. 사도교회(기독교) 종파인데도, 예전부터 술에 관대했던 것일까요? 예레반 시민들의 코냑 사랑에 대하 말씀해주세요.

리아(Lia) 아르메니아의 코냑(Armenian Brandy) 사랑은 오랜 역사적, 문화적 배경이 있습니다. 아르메니아 교회의 교리에는 술에 대한 엄격한 금지가 없습니다. 성찬식에서 포도주는 예수 그리스도의 피를 상징하며, 이는 기독교에서 중요한 의식 중 하나입니다. 술을 전혀 금지하는 방식으로 해석되지 않았으며, 오히려 술은 사회적, 문화적 상호작용의 일부로 자리 잡았습니다. 아르메니아 코냑은 세계적으로 알려져 있습니다.

소비에트 연방 시절에도 아르메니아 코냑은 소련의 최고 지도자들, 예를 들어 스탈린에게도 선물로 제공되었을 정도로 유명했습니다. 아르메니아의 코냑은 단순한 술 그 이상의 의미를 가집니다. 코냑을 마시는 문화는 아르메니아인들의 환대와 밀접한 관계가 있습니다. 아르메니아에서 손님을 맞이할 때 코냑을 함께 나누는 것은 매우 중요한 의례이며, 축제, 가족 모임, 특별한 행사에서 중요한 역할을 합니다. 따라서, 아르메니아에서의 코냑은 단순히 술을 넘어 전통과 역사, 그리고 사회적 연대의 상징으로 자리잡고 있는 것입니다.

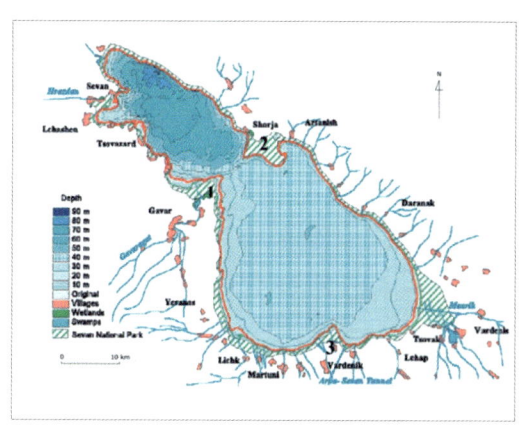

세반 호수의 계단식 수력발전소 개념도

#6. 세반 호수의 물로 계단식 수력발전소를 건설하는 바람에, 종래에는 배를 타야만 갈 수 있었던 세반 수도원이 걸어가게 되었더군요. 아르메니아는 바다는 없지만, 세반 호수가 있다! 리아님은 세반 호수에 대해 어떤 생각을 갖고 계신가요?

리아(Lia) 바다가 없는 아르메니아에서 세반 호수는 아르메니아의 자연적 보물이자 아르메니아 사람들을 살아남을 수 있도록 도와주는 역할을 하는 호수입니다. 세반 호수는 아르메니아의 주요 수자원입니다. 약 1,900미터 고도의 고산지대에 위치하여 아르메니아의 자연미를 대표하는 장소이며 인기 있는 관광지로 알려져 있습니다.

여름철에는 가족들과 세반 호수 쪽으로 많이 가서 즐거운 시간을 보내고 있습니다. 투어 시즌이 시작되면 세반 호수로 수십 번이나 갔음에도 불구하고, 워낙 매력이 있는 곳이라 수십 번이나 가도 질

세반 호 예찬

◆ 베라

강한 바람에 맞히며 흔들리고
달빛 속에 숨어 있던 호수는
글성글성 눈물 참고
별들이 쏟아지듯 슬픈 노래를 불렀다.

"반호"라는 공주님이 눈에 밟히며
어둠 속에서 게가마 산으로 둘러싸여
세반 호가 계속 강한 척한다.
"반"이라는 공주님이 스스로
고향에서 보냈던 편지를 읽으며
자기가 사라질 소원을 빌었다.

그래도 직접 사랑한단 말을 못하여
고백이란 그 한마디가 떠오르고
달에게만 전해줬다.
사랑한단 말 대신에 달빛 속에 한 문장이 쓰여 있다

"우리 다시 만나게 된다면
나는 왕자 너는 공주로 태어나자".....
사람들이 그와 그녀를 바라보며
불쌍하다고 하셨다
그래서 "반"이라는 공주님이 웨딩드레스를 벗고
달빛 속에서 검은 드레스로 사라진다....
그날부터 탁 트인 하늘 옷차림에
"세반"이란 호수가 나타났다.

* 세반 호수의 이름에 대한 여러 전설이 있습니다. 오래 전 반 호수 지역에 살던 아르메니아 사람들이 억지로 자기 고향을 떠나서 세반 호수 쪽으로 이주를 해 왔는데 호수의 어두운 색깔을 보고 검은색에 가까워서 이름을 검은 반, 세반으로 지었다고 합니다.

전통의상의 리아 가이드

리지는 않습니다. 호수 주변은 산악지대와 녹지로 둘러싸여 있으며, 호수의 물은 맑고 싸진 찍기에 좋은 곳이라 손님들도 매우 좋아하더라고요.

이 질문의 결말은 제가 한국어를 가르치고 있는 한국어와 아르메니아어 번통역학과를 전공하는 3학년 베라라고 하는 학생의 세반 호수에 대한 한국어로 썼던 시로 마무리를 짓겠습니다.

#7. 아르메니아의 도로, 철도, 지하철, 발전소 등, 주요 인프라 시설은 러시아 연방 시절에 건설된 것입니다. 아르메니아와 러시아 사이, 지금 정치적·경제적 관계는 어떤가요?

리아(Lia) 아르메니아와 러시아의 정치적, 경제적 관계는 역사적으로 매우 밀접하며, 오늘날에도 여전히 중요한 파트너십을 유지하고 있습니다. 두 나라 사이의 관계는 주로 소련 시절의 유산에 뿌리를 두고 있으며, 두 나라의 관계는 역사적, 문화적, 정치적, 군사적 측면에서 서로 얽혀 있습니다.

아르메니아는 1991년 소련 붕괴 이후 독립을 선언했지만, 이후에도 러시아와의 관계는 계속해서 중요한 전략적 관계로 남았습니다. 아르메니아와 러시아는 경제적으로도 매우 밀접한 관계를 맺고 있습니다. 아르메니아는 에너지 자원의 대부분을 러시아에서 수입하고 있습니다. 아르메니아는 러시아와 중요한 무역 파트너로, 주요 수출품으로는 금속, 농산물, 수출품이 있으며, 러시아는 아르메니아의 주요 수입국 중 하나입니다.

러시아에는 약 200만 명 이상의 아르메니아인이 거주하고 있으며, 이들은 무역과 금융에서 중요한 역할을 하고 있습니다. 아르메니아인들은 러시아 경제와 밀접하게 연관되어 있으며, 송금은 아르메니아 경제에 중요한 재정적 기여를 합니다.

아르메니아는 CSTO(집단안보조약기구) 회원국으로, 이는 러시아와 아르메니아 간의 군사적 동맹을 강화하는 역할을 합니다. 러시아와 아르메니아의 관계는 안정적이고 협력적인 동맹을 형성하고 있으며, 앞으로도 중요한 전략적 관계로 이어질 가능성이 큽니다.

답이 좀 늦어서 진심으로 죄송합니다. 그리고 여행기를 만들었다는 얘기를 듣고 너무 행복했습니다. 많은 사람이 읽기를 바랍니다.

질문들을 잘 만들어주셨습니다. 어떤 질문의 답을 쓰기 위해서 여러 가지 연구나 자료를 살펴보다 보니 시간이 생각보다 더 많이 걸렸습니다.

다시 한번 아르메니아로 와 주셔서 진심으로 감사합니다. 늘 건강하고 행복하시기를 바랍니다.

대담

왜 지금 유라시아인가?
*코카서스 3국, 유라시아, 그리고 한반도의 우리

모시는 글

초대 손님 이재혁 이사장
(유라시아교육원 이사장.
부산외국어대 명예교수)

대담자 박하(시인)

이 책 〈무지갯빛 코카서스〉는 아주 특별했던 코카서스 3국 여행담입니다. 여느 패키지여행과는 달리, '유라시아 인문여행'이라는 큰 틀에서 총괄 기획한 분, 유라시아교육원 이재혁 이사장 덕분입니다.

이 책은 공저자 7인으로 인해, 일곱 빛깔의 차별화된 관점을 보여주는 데에는 일견 성공(?) 했으나, 그대로 마무리하기엔 왠지 허전했습니다. 수미상관법이란 말이 있듯이, 이 여행을 총괄 기획하고 인솔까지 한 이재혁 이사장을 초대하여 종합적인 강평 삼아 대담을 나누어보았습니다.

– 편집자 주

문 코카서스 3국 여행 기획 배경.

코카서스 3국 여행을 기획하게 된 계기와 이 지역을 선택한 특별한 이유는 무엇인가요?

답 우선 박하 시인께서 〈무지갯빛 코카서스〉 편집장을 맡아주셔서 감사드립니다. 건설 전문가시고 기술 회사를 운영하셔서 그런지, 마치 빌딩을 짓듯이 책을 구성하고 편집하셨군요. 무슨 일을 하든지 직업은 속일 수 없나 봅니다(웃음). 우리 (사)유라시아 교육원에서는 22년 4월에 발족한 이후에 북방 유라시아 대륙 인문 여행단을 세 번 기획했는데요, 23년 7월의 카키(카자흐스탄-키르키즈스탄)여행이 맨 먼저였고, 24년 2월의 우즈베키스탄 (히바-부하라-사마르칸트) 여행이 두 번째였습니다.

이번 코카서스 3국이 세 번째고요. 코카서스 3국 구석구석을 버스로 돌면서 흑해와 카스피해 사이의, 아시아와 유럽 사이의 이 지역을 자세히 공부하기로 한 건, 코카서스는 중앙아시아 실크로드 문명과 깊은 관련이 있는 곳이잖아요? 그리스 신화의 프로메테우스, 〈구약〉의 노아의 방주 이야기가 살아있는 유럽인과 유럽문화의 뿌리 같은 곳이기도 하고요. 강대국 사이에 끼여 수천 년간 당해온 역사가 우리 한반도 인의 운명과 비슷하고요. 해운대 은누리 디지털문화원에서 올 상반기에 진행한 '북방 유라시아 문화' 12주 과정을 같이했던 분들, 우리 (사)유라시아교육원의 일부 회원분들이 제 뜻에 동참해주어 20여 명이 같이 길을 떠나게 되었어요.

문 여행의 주요 목표와 의의.

이번 여행을 통해 이루고자 했던 주요 목표는 무엇이며, 기획자로서 이를 얼마나 달성했다고 평가하시나요?

답 이번에 집중적으로 살피고 경험하고자 했던 건요, 인류 최초의 현자이면서 모든 세계종교의 출발점이라고 할 수 있는 조로아스터가 코카서스에 남겨놓은 흔적을 비롯하여 카스피해를 통한 해상 실크로드 경로 답사와 규모, 튀르크 문명과 유럽 문화가 한데 섞인 아제르바이잔의 오늘과 내일, 로마제국보다 훨씬 앞선 최초의 기독교 국가인 아르메니아와 조지아에 남아있을 초기 기독교 유산, 러시아와 유럽연합 사이에서 새로운 변화를 모색하는 현대 코카서스 3국의 약동하는 모습 등이었어요. 코카서스를 사랑했던 대표적인 러시아 문호들, 그러니까, 푸시킨, 레르만토프, 톨스토이의 정취도 현장에 가서 느껴 보고 말이죠. 정한 목표를 놓치지 않기 위해 출발 전에 유라시아교육원에서 코카서스 3국의 역사와 문화 전반에 관해 두 차례 세미나도 했고요.

타슈켄트에서 국립응용미술관과 황만금 한인 콜호스를 체험하고 현지에 도착해서도 이동하는 버스 안에서 끊임없이 정보를 주고받고 느낌과 경험을 서로 나누었잖아요? 돌아와서도 긴장감을 떨어뜨리지 않으려고 단체방에서 후기를 계속 공유하고, 이렇게 출판준비까지 했고 말이죠. 이런 과정에서 처음 의도한 목표는 거의 달성했다고 보고 있습니다.

여행은 심각한 텍스트이고, 모든 공부는 예습-현장 집중-복습이 중요하다고 생각합니다. 같이 여행하신 분들도 아침 버스 안의 '5분 정리' 시간이 여행의 의미를 파악하는 데 가장 도움이 되었다고 하더라고요. 때로는 전날의 감동에 제가 흥분해서 30분씩 마이크를 놓지 않아 민폐도 더러 끼쳤지만요(웃음).

문 기획자로서의 도전과 성취.

여행을 기획하고 인솔하면서 가장 어려웠던 점과 이를 극복했던 경험에 대해 말씀해 주세요.

답 그 지역에서 나고 자라고, 문화와 경제, 역사 등에 안목이 있는 전문적인 해설자를 가이드로 선정하는 게 난제였어요. 그냥 길이나 안내하는 일반 가이드로는 저나 우리 여행단이 만족할 수 없거든요. 여행을 준비하면서 현지 여행사를 이리저리 바꾸어가며, 최적의 답을 찾으려고 노력했어요. 그런 점에서 아제르바이잔의 라시마, 조지아의 나티아, 아르메니아의 리아는 일류의 코카서스 문화 해설사였다고 생각합니다.

리아는 제가 2017년도에 아르메니아 예레반 언어대학교와 교류할 때 제 프로그램에 참여한 똘똘한 학생이었던데요, 이젠 대학에서 강의도 하고 정신적으로 문화적으로 많이 성장해있어서 반가웠습니다. 여행에서는 같이 가는 분들이 아주 중요하잖아요? 다양한 인생 경험과 직업을 가졌지만 모두 한결같이 역사와 문화에 관심이 많고, 여행에서 얻고자 하는 점도 비슷했기 때문에 다른 소소한 어려움은 없었어요.

문 코카서스 지역의 문화적 독창성.
코카서스 3국의 문화와 역사 중 여행 중 발견했던 가장 인상 깊은 점은 무엇이었나요?

답 조로아스터는 페르시아 영토였던 중앙아시아 옥서스(아무다리야강) 유역에서 기원전 6~7세기에 태어나서 세상을 구원할 원대한 포부를 품고 각지를 떠돌았어요. 그러다가 우리가 아제르바이잔에서 맨 먼저 들른 '불의 사원', 거기에서 조로아스터교를 창시했다고 하죠. 그 때의 제단과 그 이후 이곳을 스쳐 간 수많은 힌두교도, 시크교도 무역상들의 실크로드 '사라이'(카라반의 숙소와 물류창고)가 거의 그대로 남아 있어 감동이 컸습니다.

제가 타임머신을 거스르는 감동 속에 총 맞은 사람처럼 여기저기 기웃기웃하고 있으니까, 라시마 가이드가 옆에서 "우리나라를 찾아온 외국인 관광객 중에 '불의 사원'을 제일 먼저 방문한 팀은 교수님 팀이 유일할 거예요" 하더군요. 내해인데도 태평양같이 너른 카스피해를 순교자 공원에서 내려다본 감동과 바다 위의 누런 슈퍼 문(super moon), 고부스탄의 암각화도 매우 인상적이었고, 아제르바이잔에서 조지아로 넘어가는 해상 실크로드 상의 옛 도시 세키(Sheki)도 아름다웠습니다. 그리고 민족의 자부심과 정체성을 특이하게도 포도주로 기억하고 보존하는 조지아 사람들, 태백산 아래의 신단수와 신시神市를 연상시키는 조지아 므츠헤타와 도시 동쪽 산꼭대기의 즈바리 수도원, 조지아 고리(Gori) 시에서 만난 스탈린의 흔적과 고대 암반 도시도 좋았어요.

아르메니아의 초기 기독교 동굴, 우리나라 깊은 산골의 부도浮屠와 승탑을 닮은 하치카르(성화와 성물 등이 새겨진 돌 비석)도 감동을 주었고요, 안개 자욱한 세반 호수 위에 수도원 감옥과 성당을 지어놓고 호수를 우리의 백두산 대하듯 하는 아르메니아 사람들의 태도도 남다르고, 세반 호수에서만 나오는 뱃살이 유난히 희고 부드러운 커다란 '파렐'(송어) 튀김 맛도 일품이더라고요. 코카서스는 아시아와 유럽 사이의 지형적 중요성도 있고, 높은 산맥만 쭉쭉 서 있는 게 아니라 바다와 들판에 의외로 산물이 풍부하거든요. 풍광도 아름답지만, 경제적으로도 누구에게나 참 욕심나는 땅이죠.

그러다 보니 고대엔 페르시아, 하자르 제국, 셀주크 튀르크, 몽골 제국 등에게 흠씬 당했고요, 근대엔 오스만튀르크, 러시아 제국, 오스트리아 헝가리 제국 등에 계속 당했어요. 그런데 그렇게 외세에 시달리면서도 나라나 민족이 없어지거나 인근에 흡수되지 않고 오히려 이민족과 이질적인 문화에 대해 관용성을 보인다? 강대 세력 사이에서 줄타기를 잘하면서 높은 수준의 문화적 독창성과 자긍심을 유지한다? 그런 점들도 아주아주 놀라웠습니다.

문 유라시아 지역에 대한 전문 지식 활용.

유라시아 전공학자로서의 배경이 코카서스 여행 기획과 인솔 과정에서 어떻게 발휘되었나요?

답 저는 오랫동안 소련과 러시아, 중앙아시아의 정치, 역사, 문화를 공부했고 현장을 중시하며 여러 지역을 두루두루 다녔기 때문에, 그런 행보들이 코카서스 여행을 기획하고, 자료를 준비하고, 세미나를 진행하는 데 도움을 주었습니다. 2017~2018년도에는 포스트 소비에트 시대의 달라진 종교지형을 조사하느라 북부 코카서스의 체첸을 다녀오기도 하고, 아까 말씀드린 아르메니아 예레반대학과 GTE(Global Triangle Education, 국내외 대학과 해외기업 연계 학생 연수 프로그램)를 수행해 보기도 했고 말이죠. 그러나 여행자의 관점에서 장기간 코카서스를 답사한 건 이번이 처음이죠.

이번에 시민 여행단과 함께 버스로 10일 동안 3국을 주유하면서 현장에서 일일이 메모하고 확인하고 해보니까, 그 감동과 경험은 책에서 공부하던 것, 멀리서 바라보거나 다른 프로그램을 진행하면서 흘깃흘깃 옆눈으로 쳐다보던 것과는 본질에서 달랐어요. 무엇보다 코카서스를 바라보는 관점을 수정하고 보태는 데 도움을 받았다고나 할까요.

"의식은 물질 관계에서 나온다"라는 변증법적 유물론의 세계관이 맞는다면, 아무래도 제가 러시아에서 공부했고 출발이 러시아 전공이다 보니 코카서스를 바라보는 시각에 알게 모르게 러시아적 시각이 배

어있다는 자각이 현장에서 들었거든요. '19세기의 코카서스 전쟁'(1817~1864)을 통하여 복속시킨 러시아 제국의 변방으로서의 모습, 혹은 소련 연방의 변방으로서의 코카서스나 러시아 문학가들의 의식과 기록에 비친 코카서스의 모습이 의식 한쪽에 강하게 묻어있었다고 할까요. 그런 관점을 털어내고 시각을 다양화하는데, 그리고 무엇보다도 코카서스 내부의 주체적인 관점에서 이 매력과 신비의 3국을 다시 생생하게 바라보게 되었다는데 이번 여행의 의의가 있었고, 아마도 그런 변화가 해설과 사적인 대화 등을 통하여 우리 여행팀에도 전달되었지 않았을까요? 앞으로의 시민 강의나 글쓰기 등의 작업에도 이 같은 관점의 보완이 도움이 될 거라는 확신이 드는군요.

문 향후 계획.

앞으로 유라시아교육원에서 코카서스 3국을 포함한 유라시아 지역과의 교류를 위해 어떤 활동을 계획 중이신가요?

답 지금까지 해왔던 것처럼 계속하여 북방 유라시아 인문학 강좌를 해 나가고, 현지로 떠나는 공부하는 여행단도 계속 꾸리고, 공공도서관이나 지역 대학들과도 계속 협력해 나가려 합니다. 학생과 교사, 일반 시민을 대상으로 하는 다중문화 교육도 계속 신경 쓰고요,

2025년부터는 '코스모폴리탄 부산'이라고 해서, 유라시아 지역에서 와서 부산에 오랫동안 거주하는 분들과 부산 '선주민'이 만나서 서로의 역사, 문화, 가치관을 이해하는 모임을 정기화하려고 합니다. '유라시아인'으로서의 의식을 공유하고 우리 공동체를 진정한 국제도시, 마

음이 열린 사회로 만들어가고 싶어서입니다.

그리고 유라시아교육원 안에 '국제 소월협회'가 만들어져서 올 11월에는 문체부 지원으로 '제1회 국제 소월시 낭송대회'를 온라인과 오프라인으로 개최했어요. 이렇게 한반도 대표 시인 김소월(1902~1934)을 K-문화의 새로운 콘텐츠로 북방에 계속 알리는 사업도 이어 나갈 작정입니다.

유라시아교육원 홈페이지(https://www.eura-ins.com/)도 따라있고, 제가 운영하는 블로그 '러시아, 자연과 문화 사이'(https://blog.naver.com/dmitri3)에도 교육원 프로그램이나 행사 자료가 수시로 올라오니까, 한 번씩 살펴주시면 감사하겠습니다.

문 참여자들의 반응과 피드백.
여행 참가자들한테서 들은 가장 기억에 남는 피드백이나 제안은 무엇이었나요?

답 글쎄요, 언뜻 기억나는 평이 있다면 "해외여행을 많이 다녀봤지만 이렇게 빡빡하게 공부하고, 각자의 이야기와 느낌을 이렇게 치열하게 공유하는 여행은 처음이다"라는 불평(?)이 중간중간에 있었지 않나 싶네요. 제가 생긴 게 그 모양이고 믿는 바가 그 모양이니, 어쩔 수 없죠, 뭐.

반면에, "다음에도 이런 인문여행을 하고 싶다" "다양한 삶의 이력과 직업을 가진 분들이 다음 여행단에도 가세해서 '집단지성'의 수준을 계속 높여 나가자" 그런 말씀도 생각나네요.

다음 여행지에 관한 제안으로는, "톈산산맥의 자연과 카자흐스탄의 대초원(1차 여행)~ 중앙아시아 남부의 실크로드 도시 여행(2차)~ 코카서스 3국의 역사와 문화 기행 (3차)를 다녀왔으니까, 남은 건 페르시아이다", "페르시아(이란)로 10일 정도 들어가자"라는 제안도 있었네요. 사실, 지금의 '쪼그라든' 이란 말고 조로아스터나 아케메네스 왕조의 대페르시아, 헬레니즘 시대의 페르시아, 사산조 페르시아의 역사, 건축, 종교, 풍습 등을 빼고 중앙아시아와 중앙아시아의 실크로드를 전부 이해했다고 하기 어렵거든요. 문제는 전쟁인데, 이스라엘의 공세와 침략이 좀 잠잠해지면 저도 그렇게 해보고 싶어요. 그래야 실크로드 4부작이 완성될 것 같습니다.

문 유라시아 지역의 미래 전망.

유라시아권 국가들과의 교류에서 가장 중요한 요소는 무엇이라고 보며, 이 지역의 미래를 어떻게 전망하시나요?

답 우선 말이죠, 한반도에 내려와 5천 년을 살아왔다는 우리의 역사적 뿌리, 문화적 근원을 북방에서 찾고자 하는 개인적 의지나 집단적 의지가 가장 중요하지 않을까 싶어요. 말하자면, "나는 누구이며 어디서 왔는가?", "나의 사유와 가치관의 맨 밑바닥엔 무엇이 있는가?" 하는 자문자답의 욕구라고나 할까요.

아울러서, 자꾸만 삶이 서구화되어가고 공동체 정신이나 순수를 잃어가는 우리의 현실에서 볼 때, 대자연과 순수의 땅, 물신적이지 않은 정신문화, 이질적인 요소를 새롭게 융합할 줄 아는 다중문화의 경험공간으로서의 북방 유라시아가 갈수록 중요해질 거로 생각합니다. 북방 유라시아 초원과 대평원, 끝없는 황야와 대산맥 속에 사는 통이 크고 관용적이며 열린 사람들에게서 우리 각 개인이나 공동체가 나아갈 길이 있다고 저는 그렇게 봅니다.

물론, 경제적 관점에서도 북방은 우리에게 너무 중요합니다. 흔히들 몽골과 시베리아, 중앙아시아 5개국, 코카서스, 러시아, 동유럽, 발칸반도와 발트해 등을 인류에 남은 마지막 '블루오션'이라고 부릅니다. 1970년대의 중동, 1980~2000년대의 중국, 베트남, 인도네시아 등에 이어 이젠 북방 유라시아 국가들이 우리에게 다가온 새로운 상품과 건설시장, 새로운 에너지 개발처, 서유럽 수출의 전진기지 등으로 다가와 있는 거죠. 그런 점에서 2022년 2월 우크라이나 전쟁 발발 이후

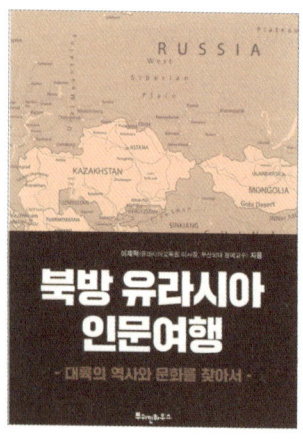
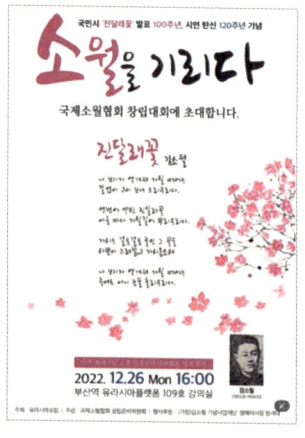

에 윤석열 정부가 미일 해양 국가, 서구 편향으로 기울면서 이 중요해진 북방 유라시아 대륙을 홀대하는 건 정말 잘못된 방향이라고 생각합니다.

특히 러시아는 하나의 나라가 아니라 아시아와 유럽을 다 품은 대륙이고, 우리와 경제적으로 그리고 문화적으로 궁합이 맞는 그런 곳인데요, 저 큰 신대륙을 적대 국가로 돌려놓은 건 너무나 큰 패착이죠. 무너진 서로의 신뢰 관계를 회복하는 데 앞으로 시간과 노력이 많이 들 겁니다. 트럼프 정권이 우크라이나 전쟁 종식에 관심이 많으니까, 새로운 미 행정부의 출범을 계기로 이런 불편한 상황이 얼른 개선되기를 기대하며 기다리고 있습니다.

문 후속 프로젝트 구상.
이번 여행을 기반으로 새로운 프로젝트나 연구를 구상 중인 것이 있다면 간략히 소개해 주실 수 있을까요?

답 일단 2025년 7월 23일경에 몽골 5일, 시베리아 5일 체류의 '몽골–시베리아 인문여행'을 기획하고 있어요. 몽골 고원과 시베리아는 그때 엄청 시원하니까, 피서를 겸한 10일 남짓의 문화여행이죠. 우크라이나 전쟁이 그때까지 안 끝나도 시베리아는 조용하니까, 울란바토르에서 기차로 동시베리아의 바이칼 호수로 들어가려고 합니다. 바이칼 호수 옆의 울란우데 시에 부랴트 국립대라고 있는데요, 거기에 제가 오래전부터 명예교수로 있고, 서부 시베리아에서 6년간 대학생 봉

사단장을 했기에 시베리아는 제게 고향과 같은 느낌을 늘 줍니다.

그리고, 우크라이나 전쟁이 휴전이나 종전으로 끝이 난다면, 평화가 찾아오는 대로 본격적으로 러시아 본토에서 문화여행을 하나씩 시작하려 합니다. '러시아 문학 기행', '러시아 미술 여행'. '러시아 음악 여행', '러시아 발레 여행' 등 주제별로는 그런 식이고, 지역적으로는 모스크바 동북부의 '중세 황금 고리(the Golden Ring) 역사문화 여행', '볼가강을 따라가는 역사문화 탐사', '칼리닌그라드와 발트해 여행' '벨라루스 역사여행' '연해주의 고려인 역사와 문화를 찾아서' '캄차카반도의 자연과 문화 기행' '사할린 여행' '우크라이나 흑해와 오데사 여행' 등 여러 프로젝트를 구상 중입니다.

세계는 넓고, 체험할 일은 많고, 제가 사랑하고 공부한 지역을 시민들에게 모두 보여드리고 싶으니까요. 여행의 방식은 이번 코카서스 여행과 비슷할 겁니다. 미리미리 예습하고 떠나고, 가서는 발로 열심히 현장을 누비고, 돌아와서는 여행 후기를 같이 정리하는 방식이죠. 인생도 매일매일의 생활도 그 자체가 여행인데요, 고달프고 힘이 들지만 그렇게 빡빡하게 살아야 인생길에 뭔가 남는 것이 있고, 매일매일 지나쳐가는 생활 가운데에서 그래도 마음속에 무엇인가 쌓이는 게 있지 않을까요? (웃음).

에필로그

코카서스 3국 여행기를 마무리하며

"어떤 사람의 '상상 규모'는 그 사람이 여행한 거리에 비례한다"라는 말이 있다. 이 말처럼 나이 들어서도 낯선 땅으로 여행한다는 것은 상상의 주머니를 계속 키우고 있다는 뜻이다.

이번 코카서스 여정은 단순한 관광 이상의 의미를 담은 뜻깊은 경험이었다. 10일간 함께한 23명 중 일곱 분이 공동 저자로 참여하여, 각기 다른 전공과 시각을 통해 코카서스를 다채롭게 조명했다. 역사, 문화, 건축, 지리, 예술, 경제, 사회학, 음식과 문화까지 아우르는 이 일곱 분의 기록은 마치 일곱 빛깔 무지갯빛을 띠며, 각각의 글이 서로 다른 색을 뿜어냈다.

또한, 이번 여행기에는 3국의 현지 가이드를 초대하여 '7문 7답' 형식의 대담을 담았다. 그들은 한국어를 어떻게 배우게 되었고, 한국과의 인연을 어떻게 맺게 되었는지, 그리고 자국의 독특한 시각으로 본 한국과 코카서스의 연결 지점을 전했다. 이러한 대화는 한국 독자들에게 코카서스를 한층 가깝게 느낄 수 있도록 하는 동시에, 현지인의 목소리로 그들의 진솔한 이야기를 담고 있다. 그 덕분에 이 책의 품격이 한층 높아진 느낌이다.

 똑같은 일정의 여행도 사람에 따라 체험의 정도는 각기 다르다. 보통 사람은 한 번 여행하지만, 어떤 이는 세 번씩 한다고 한다. 첫 번째는 사전 일정표에 따라 상상으로 여행하고, 두 번째는 현지에서 일정에 따라 여행하고, 세 번째는 다녀온 뒤 여행기를 씀으로써 마무리 여행을 한다고 한다. 이번 여행기 발간에 동참하지 못한 분들도 이 여행기를 책으로 읽는다면, 최소한 두 번 여행한 거나 다름없다.

 이번 코카서스 여행은 아주 특별한 여행으로 기억될 것이다. 단순한 깃발 여행을 넘어 서로 다른 문화를 이해하고, 교류의 폭을 넓히는 소중한 시간이었다. 끝으로, 특별히 감사할 분이 있다. 여행을 총괄 기획하신 이재혁 교수님, 일정에 따라 예산집행을 도맡아주신 최미경 부원장님, 그리고 동참해 주신 분들, 현지 가이드님 세 분께도 특별히 감사드린다.

 앞으로도 이런 깊이 있는 여행과 함께 다시 코카서스를 찾을 날을 기원해 본다.

공저자 약력

이재혁　유라시아교육원 이사장, 부산외대 명예교수
동서고금의 진리와 세상의 비밀을 최대한 파헤쳐 보고 싶은 인문학자.
국제소월협회 회장, 저서 「북방 유라시아 인문 여행」, 역서 「사고와 언어」 외

강진숙　고교 국어교사, 부산여성문학인협회 회원
인생길의 절반은 길 위에서 보내길 꿈꾸는 사람.
「여기」 작품상, 영축문학 대상(2024). 산문집 「파미르의 시간」, 「상파울루에 내리는 눈」 외

박금수　하우eng 부사장, 기술사
세상을 금수강산으로 가꾸고 싶고, 솔선수범 기술자들이 대우받는 세상을 꿈꾸는 사람.
기술자로서 그동안 가장 보람된 일은 '국립제주박물관 감리단장'을 지낸 일.

박 하　(본명 박원호), 현) 부산시인협회 편집주간
빼어난 자연 보다 빼어난 인공(人工)에 감동하는 건설 엔지니어 시인.
저서 「평양몽의 하늘」, 「피양 풍류」, 시선집 「귀신고래의 꿈」 등.

이재웅　도시계획기술사
행복한 삶터인 도시 설계는 직업적으로 사랑하고, 제주도는 제2의 고향으로 사랑하는 사람.
무시로 끼적여둔 케케묵은 잡기장을 조만간 수필집으로 낼 꿈을 꾸고 있는 중.

임승여　(주)예스티지 대표.
팔방미인을 꿈꿨지만 겨우 팔불출을 면한 사람. 한창때는 만능 스포츠맨,
저서 『억대 연봉 금융 전문가를 위한 세일즈 교과서』 외

최명아　○○초등학교 교장 역임
세상은 넓고 여행할 곳은 무궁무진하여라!
교직 은퇴와 함께 새롭게 펼쳐지는 신세계를 좌충우돌 온몸으로 배우는 중.

무지갯빛
코카서스

—— 코카서스 3국 7인 7색 원정기 ——

발행일 2025. 3. 17
지은이 이재혁·강진숙·박금수·박 하
          이재웅·임승여·최명아
펴낸이 이수남
편 집 연문씨앤피
발행처 도서출판 은누리
주 소 부산광역시 해운대구 센텀2로 20
          센텀타워메디컬 1302호
전 화 051) 927-1460
팩 스 051) 0504-150-1460
등 록 제 1970-000001호
ISBN 979-11-94718-01-7 03980

이 책은 저작권법에 따라 보호받는 저작물이므로 무단 전재와 무단 복제를 금지합니다.
이 책 내용의 전부 또는 일부를 사용하려면 반드시 저작권자에게 서면동의를 받아야 합니다.